Suippes

Recherches historiques
sur la petite ville

Monographies des villes et villages du monde entier

Association sans but lucratif

Monographies des villes et villages de France

Suippes

Recherches historiques sur la petite ville

par

Auguste Denis

PARIS
Res Universis
- 1993 -

Nous remercions la Bibliothèque Municipale de Châlons-sur-Marne de son aimable collaboration.

Tirage strictement limité.
Exemplaire N°
000175

ISBN 2 - 87760 - 060 - 2
ISSN 0993 - 7129

AVERTISSEMENT

Cet ouvrage est une réédition du livre publié en 1873 sous le titre « Recherches historiques sur la petite ville de Suippes », déjà repris en 1989 dans la collection « Monographies des villes et villages de France ».

« Pour la plupart des communes de la Marne, écrit l'auteur, il n'existe pas d'archives ». Cette monographie, rédigée au prix d'un grand travail de patientes recherches, possède donc un intérêt tout particulier. Elle permet de « reconstituer un passé qui tend toujours à nous échapper, faute de documents authentiques ».

Nous précisons que cette édition est la reprise d'un document ancien, ce qui explique la qualité imparfaite de l'impression. Les pièces originales, en latin pour la plupart, n'ont pas été insérées dans ce volume.

Res Universis.

RECHERCHES HISTORIQUES

sur la

PETITE VILLE DE SUIPPES

Notes et documents inédits

Par Auguste DENIS

AU LECTEUR

La difficulté d'écrire l'histoire locale provient, croyons-nous, presque toujours de la pénurie de matériaux. Pour la plupart des communes du département de la Marne, il n'existe pas d'archives; quelques faits particuliers, noyés dans l'histoire générale, ou épars dans différents fonds d'anciennes abbayes, voilà tout le bagage du chroniqueur. Il faut donc dépenser beaucoup de temps et de patience pour reconstituer un passé qui tend toujours à nous échapper, faute de documents authentiques.

Suippes, par sa position géographique, ville frontière du duché de Lorraine, a vu souvent la guerre portée sur son territoire, de 1550 à 1712. Trois fois elle fut pillée et dévastée ; ses archives, qui remontaient au temps de Charlemagne, furent détruites en 1649 par les Reitres ; celles de l'abbaye d'Avenay, qui auraient pu jusqu'à un certain point suppléer à cette perte regrettable, périrent elles-mêmes dans l'incendie qui détruisit cette belle abbaye en 1754 ; enfin les archives municipales disparurent lorsque Suippes vit le quart de ses maisons brûlées en 1842.

On voit par ce rapide exposé qu'une foule de circonstances malheureuses avaient concouru à laisser dormir l'histoire de Suippes dans les limbes d'un passé inconnu ; mais, par nos recherches multipliées, nous avons été assez heureux pour sauver de l'oubli une foule de faits intéressants, qui pourront aider à reconstituer les archives de cette cité.

Peut-être ceux qui sentent encore battre leur cœur à l'aspect du pays natal, nous sauront-ils gré de nos efforts. Ces sortes d'études n'étant l'apanage que du petit nombre, c'est aux gens studieux et soucieux de l'histoire de leur pays que nous dédions notre ouvrage.

Châlons-sur-Marne, le 10 aout 1872.

AUGUSTE DENIS.

Sources consultées pour servir aux recherches historiques sur Suippes.

MANUSCRITS.

Archives du département de la Marne. — Inventaire des archives de l'abbaye d'Avenay.—Registres de l'intendance (papiers administratifs). — Plan de l'emplacement du bourg de Suippes.

Rapport à l'intendance de Champagne sur l'industrie à Suippes en 1732. — Papiers terriers, terres usagères, papiers ecclésiastiques, rapports des visites épiscopales, archives municipales de Reims (voir aux pièces justificatives).

Documents particuliers fournis par M. M. Gaspard et Eugène Etienne, de Suippes, et notre collection particulière.

Collection champenoise de M. Eugène Deullin, à Epernay.

Registres paroissiaux qui se trouvent aux archives du greffe, à Châlons.

OUVRAGES IMPRIMÉS.

P. Cluverii introductio in geographia cum notis diversis. Bruzen de la Martinière, Amsterdam, 1729, in-4°.

Les géographes Hadrien Le Vallois, Champier et Gilles Carrozet.

Les historiens Flodoart et Dom Marlot, traductions françaises.

Buirette de Verrières, *Annales de la comté pairie de Châlons.*

Mémoires de ce qui s'est passé en la frontière de Champagne, principalement entre Châlons et Sainte-Ménehould pendant les guerres de la Ligue jusqu'à la paix de 1598. S. L. 1614, in-12, Bibliothèque nationale.

Chalette, *Statistique du département de la Marne.*

Hubert, *Statistique du canton de Suippes.*

Laurent de Liége, écrivain du XIIe siècle et moine de l'abbaye de Saint-Vanne.

Baulainailliers. *Recherches sur la France.*

Invasion des Normands en 842.

Varin, *Archives administratives de la ville de Reims.*

Th. Gousset, *les Actes de province ecclésiastique de Reims.*

Lesage, *Géographie de la Marne.*

Savy, *Topographie des Gaules.*

La collection des *Annuaires de la Marne.*

On trouvera la majeure partie des renseignements puisés dans ces différentes sources aux pièces justificatives.

CHAPITRE PREMIER.

L'origine de Suippes remonte assurément à la plus haute antiquité et la petite rivière Supia, Suppia ou Sopia (la Suippe), avait donné son nom à la réunion d'habitations établies sur ses bords bien avant la conquête des Gaules par César.

L'on sait depuis longtemps que presque tous les noms de rivières sont d'origine celtique, et que les lieux qui portent leurs noms sont les plus anciennement établis sur leur parcours. Du reste, les divinités des eaux étaient innombrables chez les Gaulois et chez les Belges ; chaque rivière, chaque fontaine et chaque source avait son génie particulier, auquel on attribuait quelque vertu. La légende chrétienne s'est depuis substituée à la mythologie gauloise avec une telle persistance et un tel acharnement que c'est à cette cause seule que l'on doit la destruction d'une foule de monuments historiques qui auraient pu jeter un grand jour sur les recherches des savants en ce qui concerne les peuples celtiques, leurs mœurs et leurs institutions.

Cette croyance aux génies des sources et des fontaines était fort enracinée chez les chrétiens, puisque les Conciles tenus aux VIe et VIIe siècles font mention de pèlerinages païens que l'Eglise interdit sous les peines les plus sévères. Disons-le bien haut, ces coutumes n'ont pas encore disparu de nos contrées, et se continuent sous les noms de saints et de saintes que les docteurs ont prudemment substitués aux divinités celtiques. Et qui sait si le pèlerinage qui se fait tous les ans à Nantivet le lundi de Pâques n'est pas une réminiscence ou une continuation du pèlerinage qui se faisait à la bonne fée Supia ou Sopia qui, elle aussi, pouvait avoir quelque vertu pour guérir les maladies d'yeux (1).

Dans les Chartes du XIe et du XIIe siècle, Suippe, dont la véritable orthographe est sans *s* à la fin, s'écrit indifféremment Souype, Suype et Souyppe, dans une Charte de l'an 1404, il est nommé pour la première fois Suippe-la-Longue, et, dans

(1) Voyez, pour plus de renseignements, le *Dictionnaire étymologique* d'Auguste Le Prévost, sur les noms de lieux (Evreux, 1839, in-8°), et l'ouvrage de Gilles Carnozet sur les antiques érections des villes et citez (*sic*), fleuves et fontaines, assises ès trois Gaules, c'est à savoir Celtique, Belgique et Aquitaine. (Paris, 1535, petit in-8° avec figures.)

les premières années du XVIe siècle, Suippe-les-Maillets. Ce dernier surnom des Maillets lui vient, croyons-nous, des nombreuses fouleries qui étaient établies sur la rivière, et dont le bruit s'entendait à une assez grande distance. C'était du moins l'opinion des personnes âgées que nous avons connues et qui avaient encore vu la foulerie Saint-Remy, située près de Chantreine.

A défaut de documents écrits, l'archéologie vient au secours de l'historien ; les nombreuses fouilles pratiquées sur le territoire de Suippe et des environs ont mis à découvert une foule d'objets de tout genre et de toutes les époques qui permettent à l'érudit de faire revivre une page effacée concernant les peuples qui ont habité nos contrées jusqu'à l'établissement de la monarchie française par les Mérovingiens.

Pour rendre un véritable hommage à ceux qui avant nous ont essayé de lever le voile qui couvrait alors ces époques reculées, nous allons faire connaître le résultat de leurs travaux ; en première ligne vient M. Hubert, médecin à Somme-Suippe pendant 40 ans. Le premier il s'est occupé (1811) d'une statistique du canton de Suippe qui, plus tard, a été publiée dans l'*Annuaire de la Marne* (1813) ; malheureusement cette statistique, très-bien faite dans son genre, est tout-à-fait nulle au point de vue historique. Quoi qu'il en soit, M. Hubert continua ses investigations, et, en 1817, il envoie a la Société d'agriculture de la Marne un lot de médailles romaines du IIIe siècle qui accusent le séjour des Romains dans nos contrées, et en 1831, il fait un autre envoi composé de médailles de la même époque trouvées au lieudit le Beau-Camp. Les rapports que M. Hubert fit à ces deux occasions sont curieux et prouvent un érudit et un travailleur. Après lui vient M. Bourgeois-Thierry, propriétaire du château de Nantivet (ancien domaine des comtes de Nanteuil, aux XIIe et XIIIe siècles). M. Bourgeois était un curieux et un amateur; sa position de fortune lui permettait de faire des sacrifices, et il en fit beaucoup: Ceux qui ont connu sa riche collection regretteront toujours qu'elle ait été dispersée, et que personne n'ait songé à la faire acquérir par l'Etat.

M. Gaspard, ancien teinturier à Suippes, s'est aussi occupé de recueillir quelques documents historiques, ainsi que M. Eugène Etienne, mort récemment. Nous avons été très-heureux des renseignements que ces deux collecteurs de médailles nous ont donnés; nous leur en témoignons ici toute notre gratitude.

Les fouilles faites par M. Counhaye et les rapports qu'il en a publiés ont fait faire dans nos contrées un grand pas à la science archéologique; Il fut suivi dans ses excursions souterraines par MM. Benoni Lelorain et Denis Machet, que la mort a enlevé prématurément à la reconnaissance des amateurs d'objets antiques. Le musée de Saint-Germain-en-Laye renferme beaucoup d'objets trouvés par ces deux archéologues.

On le voit, les preuves *matérielles* de l'histoire de Suippes abondent; des instruments en silex, découverts dans des grévières du côté de Saint-Jean-sur-Tourbe, se trouvaient dans la collection de M. Bourgeois-Thierry : les objets gaulois, gallo-romains et mérovingiens, recueillis par nos fouilleurs, sont là pour attester que nos pays ont été habités depuis l'époque la plus reculée. Les voies romaines qui existent encore nous démontrent le long séjour des Romains et les substructions d'édifices retrouvées au Beaucomp avec des peintures murales indiquent l'emplacement précis d'une station romaine.

A propos de l'histoire de Suippes, nous ne ferons pas une nouvelle dissertation sur la bataille dite d'Attila. Nous renvoyons ceux qui voudraient s'éclairer sur cette question à la *Revue des questions historiques* (1er avril 1870), intitulée : *La Campagne d'Attila*, invasion des Huns dans les Gaules en 451, par M. Anatole de Barthélemy, discours lu à la Sorbonne et donnant quinze textes anciens sur cette fameuse bataille. Le fait important de ces textes est la publication d'un document inédit découvert récemment à Copenhague, et publié en Allemagne; il résulte de cette chronique qu'en 451 Adelfius et Marcianus étaient consuls. Il y eut un combat au cinquième milliaire de Troyes, au lieu appelé Maurica-in-Campania. Ce passage est contenu dans une chronique découverte par M. Waitz, écrite sans doute en Italie, dit M. A. de Barthélemy, et qui se termine en 641. M. d'Arbois de Jubainville a répondu à M. de Barthélemy. Nous laissons donc à ces savants le soin de résoudre cette grave question, à la satisfaction de ceux qui tiennent avant tout au triomphe des vérités historiques.

Une ancienne tradition veut que les soldats d'Attila tués pendant l'action, aient été inhumés au lieu dit la Han des Diables; mais les fouilles pratiquées en cet endroit par divers archéologues, entre autres par M. Lelorain, n'ont rien fait découvrir qui puisse donner raison à la tradition. Au premier sondage, on mit à découvert un magnifique vase gaulois en bronze avec son couvercle surmonté d'un coq; c'est la plus belle pièce qui ait été trouvée dans ces contrées.

Il y a une trentaine d'années, au nord de Suippes, au lieudit la Marzelle, on voyait des dépréciations circulaires plus ou moins larges et plus ou moins profondes, dont la largeur variait de 4 à 8 mètres. Ces excavations, que les gens du pays appelaient trous de fées, et dans d'autres pays trous de loups, sont très-communes dans toutes nos provinces. Les archéologues les désignent sous le nom de *Mardelles* ou *Margelles*, elles sont très-curieuses à étudier ; ce sont des substructions de maisons circulaires de la Gaule que nous font connaître les écrivains latins dans leurs descriptions des habitations celtiques, et qui du reste se trouvent représentées sur la colonne Trajane et sur quelques autres monuments.

En fouillant autour du plan inférieur formé en général de terre battue, on rencontre fréquemment des traces caractéristiques d'anciennes habitations, des débris de poteries grises, des ossements d'animaux, des restes de foyer. La Marzelle, corruption de Mardelles ou Margelles, serait donc une ancienne station gauloise comme a pu l'être le lieudit le Beau-Camp avant de devenir une station romaine qui, placée entre les deux grandes voies de Reims à Vienne-la-Ville et à Bar-le-Duc, devait avoir une certaine importance.

Voyez, du reste, sur *les Margelles*, l'article de M. Lavillegielle, dans les Mémoires de la Société des antiquaires de 1838.

Le premier texte connu sur l'histoire de Suippes est une Charte de l'archevêque de Reims de l'année 1050, concernant les églises de Suippe et Somme-Suippe. La circonscription de son territoire fut définitivement réglée par le bailly de Vitry, en ses assises d'Epernay, en juin 1377, au profit des religieuses et abbesse d'Avenay, contre les prétentions de Charles de Châtillon, seigneur de Jonchery et de Chanteraine.

CHAPITRE II.

Position géographique; ancienne division politique, administrative et religieuse; commerce et industrie; institutions des foires, halles et marchés, grenier à sel, fours banaux, mesures de Suippes, octroi.

Suippes est situé à environ trois kilomètres Nord-Est de la source de la petite rivière qui lui donne son nom, à vingt-deux kilomètres de Châlons et à quarante-quatre kilomètres de Reims; elle est traversée par les deux grandes routes nationales allant de Nevers à Sedan et de Reims à Metz, et se trouve actuellement sur la ligne du chemin de fer de Reims à Verdun. L'arbre de Suippes, qui s'élevait au Nord-Est de la commune, au lieudit le Mont-de-Souin, était à 185 mètres au-dessus du niveau de la mer; le Mont-du-Piémont, situé au Sud-Ouest sur la route de Châlons, en est à 182 mètres et l'arbre du lieudit la Han-des-Diables, à 151 mètres.

Son territoire, avant la création du camp, en 1857, contenait 4,225 hectares, dont plus de 3,600 en terres labourables, environ 35 en prés ou herbages, 400 en bois ordinaires et sapins. Son sol crayeux et gréveux s'est beaucoup amélioré depuis cinquante ans, surtout par la création de prairies artificielles. On trouve sur son territoire des carrières de craie, de terre à carreaux et de grèves pour bâtir.

La seigneurie de Suippes appartenait, depuis le règne de Charles le Chauve, à l'abbesse d'Avenay (1), qui exerçait sur Mutigny, Suippes, Somme-Suippe et autres lieux, haute, moyenne et basse justice.

Les légistes prétendent que cette division judiciaire a été établie sur les trois juridictions des Romains : *Herum et mixtum imperium et simplex jurisdictio.* La haute justice jugeait les crimes punissables de mort ; toutes les causes civiles entre ceux qui y étaient sujets, excepté les cas royaux, et les privilégiés dont la connaissance n'appartenait qu'aux juges royaux.

La moyenne justice jugeait les actions civiles, réelles, personnelles ou mixtes, et les délits qui

(1) L'abbaye de Saint-Pierre d'Avenay fut fondée vers la fin du VIIe siècle par sainte Berthe. Les religieuses suivaient la règle de saint Benoît. Ce monastère, qui rapportait 20,000 livres avant l'incendie de 1754, fut rebâti et subsista jusqu'à la Révolution.

n'excédaient pas 60 sols parisis. Cette justice n'était guère en usage.

La basse justice jugeait toutes les matières personnelles jusqu'à 60 sols parisis, et les délits dont l'amende était de 6 sols parisis; mais, à proprement parler, les bas justiciers n'avaient qu'une justice; qu'elle ne connaissait que la censive qui leur était due, et qui, pour cette raison, était appelée justice foncière; cette justice se rendait, pour les communes de Suippes et de Somme-Suippe, dans un endroit situé non loin de Nantivet, appelé la Fosse-des-Manants. Cette fosse, dont on voit encore aujourd'hui les vestiges, tend tous les jours à disparaître et à se combler.

La haute justice fut exercée sur le ban de Suippes par le prévôt de Sainte-Ménehould; mais, sur la demande des dames religieuses d'Avenay, Suippes fit partie du ressort de la prévôté d'Epernay à dater de 1299.

Suippes était de l'élection de Châlons et du diocèse de Reims. Astreint tout d'abord à la coutume du Vermandois, le pays fut régi ensuite par celle de Vitry-en-Perthois.

Pour la division ecclésiastique, Suippes était du doyenné de Bétheniville. D'après le *traité des aydes* (Paris, Cardin-Besogne, 1643, in-12, p. 113), voici la liste des communes qui composaient ce doyenné :

Auberive, Humenicourt, Maronville, Souain, Dontrien, Saint-Hilaire-le-Grand, Saint-Clément, Saint-Hilaire-le-Petit, Jonchery-sur-Suippe, Bétheniville, Suippes et Somme-Suippe.

L'abbesse nommait à la cure de Suippes avec l'approbation de l'archevêque de Reims; le vicaire était aux gages de 200 livres, somme jugée souvent insuffisante. Malgré les nombreuses réclamations faites à ce sujet, il ne paraît pas que cette somme ait été jamais augmentée.

Le curé s'adjoignait quatre marguilliers pour la gestion des fonds de la fabrique, et l'entretien du mobilier et du trésor de l'église qui ne paraît pas être dans une grande prospérité, d'après les inventaires postérieurs au désastre de 1649.

L'échevinage se composait de douze membres pris parmi les citoyens qui étaient le plus haut en taille, c'est-à-dire qui payaient le plus d'impôts; ainsi les six premiers étaient pris parmi ceux qui payaient 20 livres de taille et au-dessus, et les six autres parmi ceux qui payaient 12 livres et au-dessus.

Les habitants étaient convoqués au son de la cloche et se réunissaient devant le bailliage proche l'église. Le plus souvent c'était le curé qui présidait l'élection. Parmi ces membres on prenait le lieutenant de la justice, le maire, les échevins et le procureur-syndic. Le collecteur des tailles, le sergent-royal qui faisait l'office d'huissier, et le crieur juré, étaient nommés par les dames religieuses et payés par elles, ainsi qu'un maître d'école et deux sœurs chargés de l'instruction des enfants des deux sexes.

Il y avait, en outre, des commis attachés au grenier à sel. Le sel fut mis en régie vers 1365 pour aider à payer la rançon du roi Jean; ces commis avaient mission de rechercher les *faulx saulniers* (lisez contrebandiers) qui, en récidive, étaient souvent pendus ou bannis à perpétuité du ban de Suippes, après avoir été exposés au carcan et fouettés par l'exécuteur des hautes œuvres.

Suippes avait déjà été fortifié en 842, lors de l'incursion des Normands en Champagne; il le fut encore en 1217 par Blanche, comtesse palatine de Champagne, puisqu'à cette époque elle déclare que l'aide que les habitants de Suippes lui donnaient pour faire sa forteresse dudit lieu, c'était de grâce, et qu'elle ne pouvait que leur tenir à obligation à l'avenir. Ses remparts, qui furent encore réparés par ordre du roi Henri III en 1579, furent définitivement rasés lors de l'épidémie de 1769, et les fossés furent en partie comblés en 1848.

En 1343, Suippes était devenu un centre important pour le commerce. Ses marchés étaient fort fréquentés; sa halle, qui devait être située à la place appelée autrefois les Grand'cours, avait un mesurage particulier, affermé par les dames religieuses et abbesse d'Avenay. Un droit d'entrée était perçu sur toute espèce de marchandise, excepté sur les matières premières nécessaires aux tanneurs, aux drapiers et aux huiliers qui étaient fort nombreux à Suippes. C'est à cette époque que l'abbesse d'Avenay mande au roi Philippe le Bel d'accorder aux habitants de Suippes le privilége d'avoir une foire chaque année, où il y a marché d'ancienneté, et où viennent vendre et acheter les pays d'alentour. Cette foire ne fut établie définitivement qu'en 1345; elle avait lieu le jour de la saint Jean « décollacé ».

Nous allons essayer de faire connaître les anciennes mesures de Suippes.

La Gaule, suivant Columelle, qui écrivait au Ier siècle de l'ère chrétienne, avait une mesure agraire nommée *arepennis*, *arapennis* ou arpent; cette mesure est donc d'origine gauloise, tandis que le mot *jugenum* (2 h. 36 a. 9 cent.), qui fut traduit par journal, fut importé dans nos provinces par les Romains. Les mesures qui furent le plus en usage à Suippes, d'après les anciens titres, et qui paraissent avoir très-longtemps subsisté, sont :

La fauchée comprenait 6 boisseaux; le boisseau

valait 100 perches et la perche était de huit pieds quatre pouces.

La perche valait 7 centiares.

Le boisseau 7 ares 33 centiares.

La fauchée 43 ares 97 centiares.

L'hectare vaut deux fauchées, un boisseau, 65 verges.

Parmi les mesures de longueur il y avait encore l'aune, qui était de trois pieds huit pouces. On disait l'aune de Suippes, mais aux foires de Troyes on vendait à l'aune de Paris.

Parmi les mesures de capacité, il y avait le boisseau, qui valait 25 litres. Le sel se vendait anciennement au boisseau.

Le setier ou septier valait anciennement douze boisseaux; on disait aussi, et les anciens disent encore, un septier de vin, un demi-septier d'eau-de-vie, et l'on disait aussi un septier de terre pour désigner autant de terre labourable qu'il en faut pour semer un septier de grain.

Le 9 août 1502, le prévôt d'Epernay condamne Jean Camus et Collesson-Garin pour avoir troublé le mesurage que les dames religieuses ont établi à la halle de Suippes.

Et, en 1532, une sentence est rendue contre François Compaignon, laboureur à Souan (Souain), pour avoir refusé de payer le droit de tonneau.

Dans l'inventaire de l'abbaye d'Avenay on trouve la mention d'un bail en parchemin pour l'admoniation du droit de tonneau fait pour quatre années, à raison de 32 livres d'argent et de deux livres de cire par chaque année.

FOURS BANAUX.

C'est en 1403 que l'abbesse d'Avenay établit les deux fours banaux, l'un à Suippes et l'autre à Somme-Suippe. Voici la formule de cette espèce d'ordonnance :

Ces fours demeureront banaux sans que les habitants aient le droit d'aller cuire ailleurs, tant que lesdits fours resteront en bon état et que le fournier, député par les dames religieuses, ferait son devoir raisonnable; lequel, de chaque fournée de pain, ne pourrait prendre qu'un de ceux qui plairait aux habitants, et du pain blanc ne prendrait que trois deniers ou l'un desdits pains blancs; et que si, par sa faute, lesdits pains, gros ou blancs, n'étaient pas bien cuits, il rendrait l'estimation d'iceux; que lesdits habitants auraient le droit de bâtir en leurs maisons des fours longs d'une aune pour y cuire de la pâtisserie.

En 1540, une enquête fut ordonnée contre les habitants de Suippes qui avaient construit des fours en leurs maisons contre le droit des dames religieuses. Les contrevenants furent condamnés à démolir leurs fours et à payer vingt livres d'amende.

En 1551, les fours banaux ayant été démolis par les soldats de Charles-Quint, Mme Jacqueline de Bassu, alors abbesse d'Avenay, permet aux habitants de Suippes et de Somme-Suippe d'avoir des fours en leurs maisons moyennant six deniers de rente perpétuelle pour chaque feu ou maison particulière ; et que celui qui voudrait exercer la profession de boulanger paierait deux sols de rente annuelle et perpétuelle auxdites dames religieuses. (*Voir aux pièces justificatives.*)

Comme on l'a vu plus haut, les foires établies par Philippe le Bel, aux prières de l'abbesse d'Avenay, avaient eu les plus heureux résultats. Suippes devint le centre commercial le plus important à sept ou huit lieues à la ronde. Des titres de propriétés nous apprennent qu'il y avait sept moulins et fouleries à la Cherme ; des tonneries, des huileries fonctionnaient jour et nuit ; les drapiers, les sergiers, établis en partie à Saint-Cloud et dans la rue de la Surgenerie (Sergenerie), qui fabriquaient aussi des anversaines, dites façon de Saint-Nicolas, des jarretières laine et soie qui étaient très-estimées dans le commerce. Du reste, comme aujourd'hui, dès le XVIIe siècle, une partie de la population travaillait déjà pour Reims, comme on peut le voir dans les règlements de 1687, 1698 et 1704, concernant la ville de Reims et intitulés :

Statuts, ordonnances des maîtres rétendeurs, bruïsseurs, rouleurs, presseurs, calendreurs et opprendeurs de la ville de Reims.

On lit à l'article 17 : qu'il est défendu « à toutes personnes qui ne sont pas maîtres de apprèter et calendrer aucune serge,maroc.glassées,croizées»,etc., des fabriques de Sompy et de Suippe ; ce qui était fait pour obvier à la concurrence que les fabricants de Suippes faisaient au commerce de Reims, et afin de s'en faire un monopole.

La révocation de l'Edit de Nantes, qui fut si fatale au commerce français, et dont le contre-coup se fit sentir à Suippes, porta un coup décisif à l'industrie locale, déjà chancelante depuis les troubles de la Ligue et de la Fronde.

Nous arrivons à la Révolution sans voir le commerce prendre une grande extension. A cette époque, on fabriquait des étoffes drapées qu'on fit servir pour l'habillement des troupes, et la fabrication ordinaire, qui n'était que de 7 à 800 pièces par an, fut portée à 6,000 pièces.

Parmi les objets et les tissus envoyés à l'exposition qui eut lieu à Paris en 1806 pour l'industrie française, on trouve dans le rapport de M. de Champagny (Paris, 1806, in-8°), cette mention particulière :

« Si la fabrique de Reims satisfait les jouissances du luxe, celle de Suippes ne travaille que pour les vêtements du peuple laborieux des campagnes. Ce qui distingue surtout cette dernière, c'est l'art avec lequel elle sait rendre utiles les plus vils rebuts des manufactures de Reims et de Sedan, pour en faire des étoffes grossières à la vérité, mais solides et à très-bas prix. Les échantillons qui nous ont été présentés sortent des ateliers de MM. Jean-François Jullion, Arnould Aubert, Etienne Deroche, Nicolas Janson et Jean-Baptiste Nottret, tous fabricants, demeurant à Suippes. »

Depuis cette époque, l'industrie lainière s'est considérablement développée ; la vapeur a remplacé l'ancien système des manéges mus par des chevaux ; les métiers à tisser mécaniques sont venus décupler la fabrication des mérinos : les usines nombreuses ont acquis beaucoup plus d'importance que par le passé ; le gaz lui-même s'est implanté à Suippes et a remplacé depuis une vingtaine d'années seulement, les réverbères fumeux qui éclairaient la ville.

La population, de 1,600 habitants en 1732, était de 1,736 en 1794, de 2,014 en 1799. En 1863, on comptait 2,204 habitants, et l'*Annuaire de la Marne* pour 1870 accuse 2,200 âmes pour Suippes, chiffre qui n'a guère varié depuis. Six fois par an, les foires amènent beaucoup d'étrangers à Suippes; elles ont lieu le 12 mars, le 9 mai, le 4 juillet, le 29 août, le 21 septembre et le 3 novembre. Comme chef-lieu de canton, Suippes a une succursale de la caisse d'épargne.

L'Arrest suivant du Conseil d'Etat du roy supprima le 31 janvier 1730 un droit de pontenage prétendu par les habitants, sur le pont de Suippes.

Extrait des registres du conseil d'Etat.

Vu par le roy, estant en son conseil, les titres et pièces représentés en exécution de l'arrest du Conseil d'Etat du 29 août 1724, et autres rendus en conséquence, par les habitants du bourg de Suippes en Champagne, se prétendant au droit de percevoir un droit de pontenage sur le pont dudit lieu; Sçavoir : copie collationnée et légalisée de lettres patentes du 5 août 1603, par lesquelles Sa Majesté a permis auxdits habitants de Suippes de percevoir un droit de pontenage, consistant en quatre deniers par chariot, et deux deniers par charrette, sur les marchands, voituriers et autres forains seulement, passant et repassant au bourg de Suippes et dans ses confins, aux conditions que le produit dudit droit serait employé à l'entretien des tours, murailles, fossez, portes, ponts, pavez, chemins et avenues dudit bourg ; Mémoire par lequel lesdits habitants ont demandé d'être conservés dans la jouissance dudit droit ; Arrest du Conseil du 8 avril 1727, par lequel il a été ordonné, avant faire droit, que dans un mois à compter du jour de la signification qui en serait faite, les habitants du bourg de Suippes rapporteraient les enregistrements qui avaient dû être faits tant à la chambre des comptes de Paris, qu'au bureau des finances de Châlons, des lettres patentes du 5 août 1605, et justifieraient par titres authentiques en copies collationnées et légalisées, leur possession suivie et non interrompue depuis 1605 jusqu'à présent des droits de pontenage par eux prétendus, comme aussi que les tours, ponts, portes, murailles, fossez, pavez, chemins et avenues dudit bourg estaient pour lors en bon état et entretenus à leurs frais. Commission du grand sceau expédiée sur ledit arrest le même jour 8 avril 1727, exploit du 29 juin suivant, controllé le trente dudit mois, contenant la signification qui a été faite auxdits habitants, desdits arrests et commission. Vu aussi les pièces rapportées en exécution dudit arrest, sçavoir : Acte d'assemblée signé de la plupart des habitants du bourg de Suippes, par lequel ils déclarent qu'il n'est point d'autres titres pour justifier de la possession du droit de pontenage, le produit n'estant pas suffisant pour l'entretien dont ils sont chargez : supplient Sa Majesté de donner ses ordres pour faire entretenir à l'avenir lesdits ponts, chaussées, pavez, passages et avenues dudit lieu de Suippes.

Mémoire du sieur l'Escalopier intendant de Champagne, en date du 11 octobre 1729, par lequel il marque que le péage de Suippes n'est affermé que dix livres, ce qui n'est pas à beaucoup près suffisant pour l'entretien des ponts et chaussées de ce lieu, qui sont à la charge des habitants, et en assez bon état : Conclusion du sieur Mailhard de Balofse, maistre des requestes, procureur général de Sa Majesté en cette partie. Vu aussi l'avis des sieurs commissaires nommés par ledit arrest du 29 août 1724. Ouy le rapport du sieur Le Peletier, conseiller ordinaire au Conseil royal, controlleur général des finances, le roy estant en son Conseil, conformément à l'avis desdits sieurs commissaires, a supprimé et supprime ledit droit de pontenage prétendu par les habitants du bourg de Suippes sur le pont dudit lieu, fait Sa Majesté très-expresses inhibitions et deffenses auxdits habitants d'en continuer la perception à l'avenir, à peine contre eux de restitution des droits qui auraient été exigés, et d'une amende arbitraire au profit de Sa Majesté ; et contre leurs fermiers, receveurs ou préposés, d'estre poursuivis extraordinairement comme concussionnaires, et punis suivant la rigueur des ordonnances.

Fait au Conseil du roy, Sa Majesté y estant, tenu à Versailles le trente-un janvier mil sept cent.

Signé : Chauvelin.

Louis par la grâce de Dieu, roy de France et de Navarre, au premier nostre huissier ou sergent sur ce requis, nous te mandons et commandons par ces présentes signées de notre main que l'arrest cy attaché sous le contre-scel de nostre chancellerie, donné cejourd'hui en nostre Conseil d'Estat, nous y estant, pour les causes y contenues, tu signifies aux habitants du bourg de Suippes en Champagne, et à tous autres qu'il appartiendra, à ce que personne n'en ignore, et fais en outre pour l'entière exécution d'icelui, à la requête de notre amé et féal, le sieur Mailhard de Balofse nostre conseiller, en nos conseils, maistre des requestes ordinaire de nostre hôtel, et nostre procureur général en la commission établie par l'arrest de nostre conseil du 29 août 1724 pour l'examen et vérification des titres des droits de péage, bacs et autres droits de cette nature dans l'estendue de nostre royaume, tous commandements, sommations et autres actes et exploits requis et nécessaires, sans autre permission ; car tel est nostre plaisir.

Donné à Versailles, le trente-et-unième jour de janvier l'an de grâce mil sept cent trente, et de nostre règne le quinzième.

Signé : Louis,

(et plus bas près le) roy, Chouvelin.

Sorti de l'imprimerie royale MDCCXXXI, 2 pages in-4º.
(3) B. de M. Deullin.)

En 1774, il existait encore à Suippes ce qu'on appelait le droit de rapport de fer. Ce droit, dit M. Gredaine, curé de l'époque, consistait en fort peu de chose ; c'est par rapport à un ancien territoire nommé territoire de Saint-Remy. Presque tout le territoire de Saint-Remy appartient aux habitants de Suippes ; le décimateur de Jonchery-sur-Suippe en levait la moitié de la dîme. et le curé de Jonchery en levait aussi la dîme d'un autre canton du même territoire ; mais l'abbesse d'Avenay a acheté la grosse dîme de Jonchery sur le tout aux Bons enfants de l'Université de Reims. Le reste de la dîme dudit territoire abandonné est toujours séparé de celui de Suippes ; c'est pour cette raison que l'abbesse d'Avenay pouvait payer en grains pour cent ou pour cent vingt-cinq livres chaque année. — *Archives de la Marne. (Papiers ecclésiastiques.)*

Terres usagères.

Suippes a eu. de toute ancienneté, des terres usagères qui donnèrent de tout temps des sujets de contestations entre les différents adjudicataires; voici comment l'emploi en fut réglé en 1770 par ordonnance de M. Rouillé d'Orfeuil, intendant de la province de Champagne.

Les habitants de Suippe formeront 20 lots de leurs terres usagères, et tireront ces lots au sort ; chaque lot se partagera entre un nombre d'habitants au marc la livre de leur taille, qui réunis formeront une somme égale par chaque lot. De sorte que ceux qui sont le plus haut en taille, (c'est-à-dire ceux qui paient le plus d impôts) au nombre de trois, s'arrangeront avec leurs co-partageants, en garantissant à la communauté une redevance de 50 livres. Chaque arpent de terre revenait à environ 7 sols ; ces 20 lots à 50 livres formaient un capital de 1,000 livres, dont l'emploi devait être réglé par les soins de l'intendant de Champagne.

C'est vers cette époque que Claude Masson, procureur syndic de la commune de Suippes, convoqua les habitants, pot à pot, à la manière accoutumée, pour leur faire part des intentions de l'intendant de la province, et les engager à créer des prairies artificielles dans leurs terres usagères, enfin pour leur en faire comprendre l'importance et les avantages. « Ces prairies, disait le rapport de l'intendant (1), vous tiendront lieu des gros pâturages qui vous manquent. Le commerce des bestiaux, tombé depuis longtemps, refleurira et fera de nouveau la fortune de vos foires, autrefois si fréquentées ; ces prairies vous fourniront des fumiers abondants, ce qui n'est pas sans importance dans un pays où l'on ne peut compter sur les moissons qu'en raison des fumiers qu'on

(1) Archives de la Marne, papiers de l'intendance.

emploie, vous aurez des foins en abondance, au lieu de les acquérir à prix d'argent. » M. Rouillé d'Orfeuil fut donc le novateur par excellence. La prospérité future était contenue dans ces sages conseils. Il devint, de fait, un des bienfaiteurs du pays.

Extrait des déclarations aux papiers terriers de la communauté de Suippes.

Aujourd'huy trois décembre avant midy mil sept cent soixante-dix-neuf. Nous, Charles Galichet, notaire royal au bailliage de Vitry et Vermandois, demeurant à Rilly en la montagne de Reims, commis à la confection du papier terrier général de l'abbaye d'Avenay, soussigné, en présence des témoins cy après nommés, soussignés nous nous sommes transportés au bourg de Suippes à l'effet d'y recevoir la déclaration de tous les censitaires et habitans dudit bourg de Suippes; pour qu'ils ayent chacun séparément à reconnaître les droits et devoirs qu'ils doivent tant en commun que séparément, à Mesdames abbesse, prieure et religieuses de l'abbaye royale de Saint-Pierre d'Avenay, dames de toute l'étendue dudit bourg de Suippes et du terroir en dépendant et seules décimatrices dudit terroir.

Où étant il nous a été dit par plusieurs des principaux et nottamment par MM. Jean-Baptiste Marguet, maire, Claude Pingot, Echevin, Claude Vitry, Claude Marguet, Claude Caquet, Etienne-François Marguet, Nicolas-Joseph

Jullion, et Jean-Evangéliste Godart sindic, tous principaux dudit lieu de Suippes y demeurant. Que les habitans dudit bourg de Suippes ne refuseraient point à faire leur déclaration au terrier de mesdittes Dames abbesse, prieure et religieuses de ladite abbaye royale d'Avenay, seules dames dudit lieu de toutes les maisons et héritages qu'ils possèdent dans l'étendue de leur ditte seigneurie de Suippes aux conditions suivantes, savoir : qu'il serait fait un acte primordial des droits qui appartiennent à mes dittes dames abbesse, prieure et religieuses de laditte abbaye royale d'Avenay, dames dudit bourg de Suippes et ban en dépendant qui annoncerait les droits que mes dittes dames prétendent avoir sur ledit ban et bourg de Suippes. Sur quoy nous, notaire, commissaire audit terrier susdit, nous leur avons dit, le corps de ladite communauté étant assemblé, au lieu et en la manière accoutumée où on délibère les affaires de la dite communauté, laquelle assemblée ayant été convoquée par ledit sieur Godart sindic de la dite communauté de Suippes, que mes dittes dames, abbesse, prieure et religieuses de la dite abbaye d'Avenay, demandaient les droits qui suivent.

Savoir : 1° Que tous les habitans dudit bourg de Suippes tant prestre, clerc, nobles ou autrement demeurant dans ledit bourg de Suippes et dans le ban d'y celuy reconnaissent mes dittes dames abbesse, prieure et religieuses de ladite abbaye d'Avenay seules dames dudit Suippes et terroir en dépendant.

2° Quelles ont sur iceux et leur appartient toute haute, moyenne et basse, foncière et directe justice et de manufacture ensemble les épaves qui peuvent survenir.

3° Quelles ont droit de nommer seules les officiers de justice, qui sont : un maire, lieutenant, procureur fiscal, greffier et sergent pour rendre la justice audit ban de Suippes.

4° Qu'il leur appartient aussi comme seule seigneur haute justicière, tout droits d'aubaines, batardise et autres droits attribués aux hauts justiciers.

5° Appartient à mes dittes dames toutes les amendes qui se prononcent par ses dits officiers de justice tels qu'ils puissent être.

6° Qu'il est dû par chacun habitant à mes dittes dames six deniers pour le droit de four bannal et deux sols par chacun boulanger et ce par chacun an au jour de Saint-Martin d'hivert suivant la transaction faite par madame l'abbesse et les dits habitans de Suippes le penultienne jour de may.

7° Appartient aussy à mes dittes dames un droit de corvée sur tous les dits habitans de Suippes qui se paye tous les ans au jour de Saint-Remy premier octobre, sçavoir : dix deniers par chaque habitans pour la corvée à bras, et dix deniers par chacun cheval, suivant l'arrêt du parlement et transaction homologuée entre mes dittes dames et les dits habitans de Suippes, le premier avril mil trois cent quatre-vingt-seize, et les demy ménages ne doivent que moitié.

8° Doivent chacun ménage plein un quartel d'avoine, mesure de Suippes ra de grain sur bord, et les demy ménages moitié, qui demeurent dans l'étendue dudit Suippes, excepté ceux qui demeurent dans l'enceinte de la procession du Saint-Sacrement qui sont entre les rues de la place du Marché, rue Saint-Pierre jusqu'à la rue de l'Hôtel-Dieu, la rue de l'Hôtel-Dieu, la rue de la Corne, pont Saint-Jacques, faubourg Saint-Jacques, grande route jusqu'au pont Saint-Antoine où l'on passe rue St-Antoine, rue de Lorme, retournant, sur la place du Marché près l'église qui n'en payent point, mais sont sujets à tous les autres droits.

9° Comme aussy qu'il appartient à mes dittes dames, le poids du Roy accordé par Sa Majesté à mes dittes dames, et se paye à raison d'un sol par chacun cent dans le courrant de l'année ; et dans le tems des quatre foires qui se font audit Suippes tous les ans, il se paye le double, depuis et à commencer à midy les veilles des dittes jusqu'à minuit des jours d'icelles foires.

10° Qu'il appartient à mes dittes dames, un droit de tonus qui se perçoit sur toutes les espèces de marchandises et voitures venant en foire et marché dudit Suippes, et ce suivant le tarif.

11° Appartient à mes dittes dames, les deux tiers et l'autre tiers à la communauté de Suippes, le droit de minage, et foires et marchés, mesurage des grains à raison du trente-deuxième boisseau.

12° Leur appartient à mes dittes dames sur la communauté dudit Suippes une rente de vingt livres appelée la taille Saint-Jean où Giste le Comte qui se paye par le sindic en l'acquit des dits habitans le jour de Saint-Jean-Baptiste de chacune année.

13° Mes dittes dames ont le droit de jeu de quilles au baton qui est que celui qui jette le baton lorsqu'il gagne, paye trois deniers, et lorsqu'il perd ne paye rien.

14° Appartient à mes dittes dames un droit de cens portant lots et ventes et amende saisine suivant la coutume sur des maisons audit Suippes appelées la place de l'abbaye d'Avenay, scituée en la rue de Lorme depuis la place publique jusqu'à une petite ruelle qui conduit à la tannerie, possédée actuellement par la veuve et héritiers de Jean-Baptiste Jullion l'aîné, la veuve Etienne Jannet, Jérome Coyon et Jean Boullaire tous représentans Jean Patin et Jean Jacquart, acquéreurs des dittes places, le tout chargé envers mes dittes dames de cinq livres de cens, cy. . . . . 5 fr.

15° La place de la Tannerie appartenante au sieur Jacques Dupuis, représentant Jean Jacquart est chargée envers mes dittes dames de quarante sols de cens portant lots et ventes saisine et amende suivant la coutume, cy. . . . . 2 fr.

Et par François Oudin, représentant Sébastien Oudin, son père, doit pour sa maison.

Est dû par Jean-Evangéliste Patin, représentant Jean Chouet et François Villain, acquéreurs du cours d'eau pour bâtir une foullerie appelée la foullerie de Saint-Remy, sur la rivière de Suippes, la somme de trente-six livres par chacune année, cy. . . . . 36 fr.

Tous les quels droits cy-dessus se payent actuellement et par usage au jour de Saint-Luc, dix-huit octobre de chacune année, sous peine d'amende.

Et comme aussy à mes dittes dames leur appartient toutes les dixmes grosses et menues, même de laine, d'agneaux et poulets qui se perçoivent à scavoir au treizième pour les gros grains et au seizième pour les menus grains et mêmes dixmes.

Les officiers de justice dudit Suippes ont droit de visitte toutes les fois qu'ils jugent à propos, chès touttes les personnes demeurant audit lieu de Suippes qui vendent à poids et mesures, pour raison de quoy il appartient à mes dittes dames un pot de vin par chacun cabaretier et un pain de vingt onces cuit par chacun boulanger deux fois l'année, sçavoir : la veille de la foire d'août et de celle de novembre, et un sol par chaque marchand étallé à chaque foire.

Mes dittes dames ont droit d'avoir un tambour auquel il est dû cinq sols par chaque fois qu'il bat la caisse et qu'il pose des affiches.

Tous lesquels droits mes dittes dames demandent qu'ils soient reconnus par tous les habitans tant en corps de communauté, que séparément, ensemble qu'ils déclarent tous leurs héritages qu'ils possèdent dans l'étendue de leur ditte seigneurie de Suippes avec les quantités tenants et aboutissans et de représenter leurs titres de propriété des biens qui leur appartiennent pour le tout former leur nouveau terrier de leur ditte seigneurie dudit Suippes. Et l'expédition duquel être déposé et remis en leurs archives à leur ditte abbaye d'Avenay pour y avoir recours au besoin.

Sur quoy après que les dits maire, sindic et principaux habitans dudit Suippes ont eu conféré ensemble sur tous les dits droits cy-dessus réclamés par mes dittes dames abbesse et religieuses d'Avenay, dames dudit lieu de

Suippes. Ils ont d'une unanime voix répondu ce qui suit, sçavoir :

Lesquels pour réponce, ils ont dit qu'ils reconnaissent que tous les droits étaient dus à mes dittes dames abbesse et religieuses d'Avenay, seules dames audit Suippes, et qu'ils offraient et continuer à leur payer les dits droits et de faire leurs déclarations séparément de leurs héritages audit terrier.

Fait et passé audit Suippes en ladite assemblée tenue chez le sieur Jean-Evangéliste Godart, procureur sindic dudit Suippes, l'an mil sept cent soixante-dix-neuf, le trois décembre du matin. En présence de Jean-Baptiste Etienne, laboureur demeurant à Vaudemange et de Jean-Baptiste Laviarde, aubergiste à l'hôtel du Cheval Rouge à Suippes y demeurant témoins pris et appelés pour l'absence d'un second notaire qui ont avec les dits sindicts, maire, échevin et habitans signés après. Lecture faite ainsy signé, Marguet, Pingot, Echevin, C. Vitry, Marguet Caquet, Marguet, Jullion, J.-L. Godart, sindic, Jean-Baptiste Etienne, J.-M. Laviarde, Galichet, ensuite est écrit controllé à Reims, le quinze décembre 1779. Reçu quatre sols.

Signé : CHAMPION.

Anciens us et coutumes en usage à Suippes, tombés en désuétude.

A part les coutumes mentionnées aux papiers terriers de 1779, et qui formaient le fonds des revenus des religieuses et dame abbesse d'Avenay, il en est d'autres qu'on ne saurait passer sous silence, et qu'il est bon de noter pour les Tacites de l'avenir.

En 1447, les échevins de Suippes et de Somme-Suippe recevaient le jour de Noël un quartier de bœuf de l'abbesse d'Avenay, pour la peine qu'ils prenaient *de rédiger bellement par écrit*, les rentes, redevances et revenus que les dames religieuses avaient à louer et accoutumé de louer de toute ancienneté sur la seigneurie de Suippes et de Somme-Suippe.

Le jour de la Fête-Dieu il y avait une procession qui allait jusqu'au lieudit la Foulerie-Saint-Remy. Chaque habitant était obligé de donner 6 blancs, et ceux qui étaient rencontrés dehors et qui ne suivaient pas la procession, donnaient une mesure d'avoine ou l'équivalent en argent.

Nous ne parlerons pas de l'usage de tirer les rois chez les maîtres fabricants, ni de celui de noyer le coupillon le jour du jeudi saint, ainsi que de faire un dicton sur un mari mystifié le jour du mardi-gras; ces usages sont encore trop près de nous pour que nous prenions la peine de les décrire.

CHAPITRE III.

Seigneurs et seigneuries de Suippes.

Nous avons vu, dans le chapitre précédent, que Suippes faisait partie du ban d'Avenay et était soumis à sa juridiction. Comme haut justicier, les religieuses et abbesse d'Avenay avaient un exécuteur des hautes œuvres. Elles avaient droit de pilori, échelles et fourches patibulaires à quatre piliers; elles possédaient le droit de connaître des crimes commis dans l'étendue de leur juridiction, pour lesquels il y avait peine de mort, mutilation de membres et peines corporelles, comme fustiger de verges, mettre au poteau, au carcan, marquer, etc.; comme on le voit, rien ne manquait à leur puissance.

L'abbaye d'Avenay, une des plus anciennes du royaume, fut fondée par sainte Berthe au VIIe siècle; d'autres disent par saint Gombert, époux de sainte

Berthe. (Voyez Marlot et Baugier.) Elle était située à quatre lieues de Reims et à deux lieues d'Epernay. Elle appartenait à l'ordre de saint Benoît ; les religieuses du chœur étaient de 30 à 40 ; outre les converses, six chanoines, attachés à l'église, étaient à la collation de l'abbesse. Ils touchaient chacun 200 livres par an. Les armes qu'on a données à l'abbaye d'Avenay (d'argent à trois molettes de gueules, à l'orle, neuf croix secroisetées de même), ne sont pas les armes de cette abbaye, comme on l'a prétendu. Ces armes sont tout simplement celles de la famille des Boufflers.

Liste des abbesses d'Avenay qui ont succédé à sainte Berthe, et dont les noms sont arrivés jusqu'à nous ; car nous devons comprendre les abbesses d'Avenay parmi les anciens seigneurs de Suippes.

Teutberge, IXe siècle, citée par Marlot.

Alice, abbesse vers le milieu du XIe siècle (Baugier).

Eustache, 1209.

Elisabeth Gomme, 1289.

Jacqueline de Bassu, 1551.

Françoise, nommée par François Ier, après le Concordat.

Marguerite de la Dièse.

Louise de Linaage.

Françoise de la Marck de Bouillon.

Marie-Françoise de Leay de Vantadour.

Marie de Beauvillier, abbesse d'Avenay et du Lys ; deux dessins, représentant son portrait sont, au dire de de Fontelle, au cabinet des estampes.

La princesse Bénédicte de Gonzague, sœur d'Anne de Gonzague, reine de Pologne. Ses armes étaient sculptées au-dessus de la porte de l'ancienne justice de paix de Suippes.

Mlle Brulart de Sillery, dont le portrait peint est chez M. Ed. de Barthélemy.

Marie Cauchon de Trélon, nièce du chancelier de Sillery, du côté de sa mère. Son oraison funèbre a été prononcée, dans l'église de l'abbaye d'Avenay, le 7 juin 1666, par le père Simon d'Estampes, capucin, qui la fit imprimer à Reims chez la veuve Jean Bernard. 1666, in-4°.

Cette abbesse était sœur de Henri de Maupas du Tour, évêque d'Evreux.

Marie-Eléonore Brulart de Sillery, petite-fille du chancelier et nièce de Léonor d'Estampes, archevêque de Reims.

Françoise de Boufflers. Son oraison funèbre a été prononcée, dans l'église de l'abbaye d'Avenay, le 22 janvier 1721, par le père de Faulon, jésuite, qui la fit imprimer à Reims, la même année, chez Barthélemy Malteau, in-4°.

Julie-Charlotte de Boufflers fut la dernière abbesse.

Ce monastère, qui avait le titre de Royal, fut détruit par un incendie en 1754, avec toutes ses archives; il fut rebâti et subsista jusqu'à la Révolution.

Fiefs et seigneuries du ressort de Suippes et qui étaient situés sur son territoire.

Le plus ancien fief dont il est fait mention dans l'inventaire des archives de l'abbaye d'Avenay, est le fief de Mont-de-Mesey, que Adam de Suippes recoit de Regnauld de Saint-Pierre en 1198, en présence de Thibaut III, comte de Champagne.

En 1209, le sieur Gaucher de Nanteuil ayant empiété sur les droits de l'abbesse d'Avenay sur sa seigneurie de Suippes, il y eut un accord signé entre les parties, devant l'archevêque de Reims, frère du sieur de Nanteuil.

En 1215, ce même seigneur donne en aumône, à l'église de Saint-Pierre d'Avenay, un siége de moulin qu'il avait près de la chaussée de la Hacquenée (Nantivet) [voyez plus loin la description topographique de la ville], près de Suippes, à la condition qu'entre le moulin de Crusson et celui de Nuisement, il ne serait pas fait de fossés ni de remparts. A ces conditions, il promet de ne plus retenir en otage les habitants de Suippes et de Somme-Suippe. La même année, ce seigneur fait encore connaître qu'il tient, à titre d'hommage lige, de Blanche, comtesse palatine de Champagne, et de son fils Thibaut, sa maison forte de Nanteuil, ainsi que celle qui est située à Suippes, et tout ce qu'il possède en ce lieu.

Voici la copie de l'hommage lige rendu par Gaucher de Nanteuil,retrouvée dans la layette du trésor des Chartes, publié par M. Teulet, tome 1er de l'année 755 à 1223, Paris, 1863, in-4°.

1215. f° 205. Champagne XIII, N° 5. Original.

Galcherus dominus de Nantholio notum facit se domum fortem suam de Nantholio, et quidquid habet apud Nantholium, nec non domum fortem suam de Suippe, et quidquid habet ibidem, de domina sua Blancha comitissa Campaniæ et de domino suo comite Theobaldo, ejus filio, ligie accepisse, præstito sacramento ut eos contra omnes juvabit de istis domibus in quibus, quoties opus fuerit, suas præfati comes et comitissa gentes cum ipsius gentibus ponere poterunt. Quod ut notum permaneat et firmum teneatur litteris annotatum, sigilli mei munimine roboravi. Actum anno gratie M° C. C. quinto decimo.

Traces de sceau sur double queue. Le sceau de Gaucher, sire de Nanteuil, n'a pas été retrouvé.

Mais le sceau était de six fleurs de lys d'or sur champ d'azur, brisé d'un quartier d'hermine. Les Nanteuil descendent d'une ancienne famille de l'Ile-de-France, et non de Nanteuil, comme l'a prétendu D. Marlot. La dernière héritière, citée par le père Anselme (*Histoire de la Maison de France*, tome II, p. 249) est Alixe de Nanteuil, qui avait épousé Pacy II du nom, sorti des seigneurs de Château-Porcien. Du reste, leur postérité est rapportée dans l'*Histoire de la Maison de Châtillon-sur-Marne*, livre XI, chap. 9 et suivants.

Le fils de Gaucher de Nanteuil est connu sous le nom de Gaucher de Fresnoi. Il était chevalier, seigneur de Levignon ; il avait épousé Marie de Courtier-sous-Montigny. Ils vendirent, en 1229, à l'abbaye de Longpont, diocèse de Soissons, cent sols de rente sur leur terre de Fresnoi.

Les armes des de Nanteuil étaient d'azur à six fleurs de lys d'or, posées 3, 2 et 1.

Le fief de Nanteuil était situé à Nantivet, qui signifie, dans la langue vulgaire, petit Nanteuil.

En dépouillant les anciens registres paroissiaux de Suippes, qui se trouvent aux archives du greffe du tribunal civil de Châlons, nous avons trouvé qu'en 1707, Jean Nanteuil et Nicole Nanteuil avaient tenu sur les fonts baptismaux Nicole, fille de Nicolas Garlois, bourgeois de Suippes.

En 1232, Baudoin, seigneur d'Autry, chevalier, déclare qu'il n'avait aucun droit au guidage des habitants de Suippes, et renonce au privilége auquel il avait prétendu. (Inventaire de l'abbaye d'Avenay.)

En 1242, Thibaut IV, roi de Navarre et de Brie, reconnaît devoir 40 livres de rente à l'abbaye d'Avenay, pris sur différents lieux, savoir : vingt livres sur le gîte de Suippes et dix livres sur ladite ville, en gelines (poules).

Ces vingt livres de gîte, appelées vulgairement Gîte-le-Comte, donnèrent matière à de nombreux procès; les habitants de Suippes refusèrent toujours de payer ce droit, même en principal.

En 1455, Jean de Chenery, chevalier, fait rendre une sentence par le Parlement de Paris. par laquelle il fait confirmer que lui et ses prédécesseurs avaient droit de prendre, tous les ans, 200 poules sur la seigneurie de Suippes, icelles loyales et marchandes au dire des échevins du lieu, et pour les arrérages dudit droit, il réduisit le tout à 400 poules.

LE FIEF DE MONTFESCHIER.

Ce fief était situé au bout du chemin de Jolivet,

faisant face à la rue Saint-Cloud. En regardant bien la configuration du terrain, on peut reconnaître facilement son emplacement. Il en est question, pour la première fois, dans un titre de l'année 1254, par lequel Guy de Sarnay (Cernay), chevalier, et dame Isabelle, sa mère, reconnaissent avoir donné entre vifs, à l'abbaye de Saint-Pierre d'Avenay, la quatrième partie du ban de Montfeschier, située au terroir de Suippes, consistant en hommes, revenus, censerie, terrage et terres arables, plaids, justice, amendes, seigneurie, etc., etc., et autre chose à eux appartenant audit ban de Montfeschier.

En 1261, Michel de l'Aigle et ses frères imitèrent l'exemple du chevalier de Cernay. Ils cédèrent leurs droits et priviléges sur la seigneurie de Montfeschier aux religieuses et dame abbesse d'Avenay.

La famille de l'Aigle, d'après le recueil d'armoiries de M. de Genouillac, portait pour armes : des gueules, à l'aigle à deux têtes, éployée d'argent.

Un peu plus tard, Baudoin de Vaudoy cédait également, à l'abbesse d'Avenay, ses droits sur la seigneurie de Montfeschier.

Enfin, en 1362, le prévôt d'Epernay rend une sentence par laquelle la haute, moyenne et basse justice sur la seigneurie de Montfeschier appartient aux seules dames religieuses. Une autre sentence, dans le même sens, a encore été rendue, en 1369, contre les prétentions de Henri de Vaux.

On voit que ce n'est pas sans luttes que l'abbaye d'Avenay avait absorbé pour sa seigneurie la mouvance des fiefs qui gênaient ou balançaient son autorité sur le terroir de Suippes.

SEIGNEURIE DE MONTBADEL.

La seigneurie de Montbadel était située au lieudit Baudet, à l'Est de Suippes, près de l'ancien chemin de Somme-Suippe.

Il est question pour la première fois de cette seigneurie dans une sentence du Parlement de Paris de 1362, donnée contre Gratien d'Aguères, seigneur de Montbadel et gouverneur de Mauzon, en faveur des dames religieuses d'Avenay, auxquelles ledit seigneur contestait leurs droits sur les terres voisines de sa seigneurie.

Il fut de nouveau condamné par le bailli de Vitry, en ses assises de Sainte-Ménehould, pour avoir détourné le cours de la rivière de Suippe au préjudice du moulin de Crusson, et d'avoir pris les dépouilles des saules plantés le long de la chaussée.

Au lieudit Baudet, on reconnaît parfaitement l'emplacement de l'ancien fief, le lit creusé sur les ordres du sieur d'Aguerre pour détourner le cours de la rivière existe encore, et le nom Baudet est une abréviation corrompue de Montbadel.

D'après l'armorial de France, la famille d'Aguerre portait d'or à trois pies au naturel, posées 2 et 1.

La confirmation des priviléges des abbesse, prieure et religieuses d'Avenay fut donnée par lettres-patentes du mois d'août 1671, et enregistrée le 11 janvier 1672, 15e volume des ord. de Louis XIV, cotte 3. Z, f° 295. (Voyez le *Dictionnaire de Jurisprudence* de Brillon, tome 1er, chapitre 9, et les pièces justificatives à la fin de nos recherches historiques.)

CHAPITRE IV.

Création des milices bourgeoises, archers, arbalétriers et arquebusiers, sapeurs-pompiers, garde nationale.

La création des milices bourgeoises a été amenée par la force des choses, à la suite de grandes commotions politiques. L'invasion des Normands en 842 avait laissé dans l'esprit des populations de tristes souvenirs, et les souverains durent songer à parer à de pareils désastres. L'époque la plus malheureuse, après cette terrible invasion, fut l'approche de l'an mille. Le clergé, seule autorité reconnue alors, avait semé, dans l'esprit des populations, la terreur de la fin du monde ; cette idée était tellement enracinée chez le peuple que, ne croyant plus au lendemain, les provisions manquèrent partout, et il s'ensuivit une grande disette surtout dans la partie du royaume la plus rapprochée de la frontière.

La régénération de la France se fit surtout sentir sous le règne de Louis le Gros, et lorsque l'empereur Henri, ligué avec Henri, roi d'Angleterre, son gendre, entra en Champagne en 1124. L'abbé Suger, alors ministre d'Etat, faisant à cette époque le dénombrement des troupes francaises, dit que les seules milices du Rémois et du Châlonnais faisaient 60,000 hommes (1). Le Laonnais et le Soissonnais ayant fourni le même contingent, cette grande levée de boucliers fit que l'envahisseur battit en retraite, et le pays fut sauvé.

Ce fut alors que l'on comprit tout l'avantage qu'on pouvait tirer de ces organisations urbaines, surtout à une époque où l'armée régulière n'existait pas encore. Sous saint Louis, on voit déjà paraître le grand-maître des arbalétriers de France, et sous Charles V, un capitaine général des arbalétriers tant de pied que de cheval. Hugues de Châtillon, seigneur de Dampierre, était grand-maître des arbalétriers de France en 1364. (Voyez l'*Histoire des grands officiers de la couronne.*) Sous Charles VII, Pierre Aubert était grand-maître des francs-archers pour les quatre grands bailliages de Champagne.

Le tiers-siége, dit l'ordonnance, pourra se tenir

(1) Daniel, *Histoire de la Milice française*, tome 1er, p. 57.

à Reims, où se rendront le ban et l'arrière-ban des pays situés entre Reims, Rethel, Sainte-Ménehould et Vitry-en-Perthois.

La compagnie des arquebusiers de Suippes a été formée en 1615; elle a remplacé celle des arbalétriers, qui avait été elle-même, sous une autre organisation, celle des francs-archers, lesquels devaient, selon toute probabilité, exister déjà en 1217, lorsque Blanche, comtesse palatine de Champagne, fit sa forteresse dudit lieu de Suippes.

La compagnie des arquebusiers de Suippes était sœur de celle de Châlons; elle avait le même costume et suivait le même règlement. Ce règlement fut approuvé en dernier lieu par le prince de Rohan, gouverneur général de Champagne et de Brie, en 1718. M. Edouard de Barthélemy l'a rapporté en entier dans son *Histoire de Châlons-sur-Marne*.

Pour être chevalier, il fallait justifier d'une conduite régulière et d'une certaine aisance; on ne voulait ni artisans, ni gens de métier; il fallait être présenté par deux anciens chevaliers, prêter le serment de servir loyalement le roi et la ville, et se faire immatriculer en la confrérie de saint Sébastien, patron de la compagnie.

Les exercices habituels avaient lieu les dimanches et fêtes, dans un endroit disposé à cet effet, près du chemin de la Hacquenée, ou ancien chemin de Somme-Suippe, encore désigné aujourd'hui sous le nom de l'Arquebuse.

Sauf modification dans la couleur des plumes du chapeau, voici la description du costume :

Les chevaliers portaient l'épée à poignée d'argent ; l'uniforme était bleu avec parements rouges ; la veste et la culotte courtes écarlate ; trois brandebourgs en argent sur la poitrine ; jarretières et boucles en argent ; escarpins ; un tricorne de petite forme, bordé en argent, surmonté d'une plume rouge.

Certains priviléges étaient attachés à celui qui abattait l'oiseau ; il prenait le titre de roi pour l'année courante. S'il était roi trois années de suite, il prenait le titre d'empereur. Cette institution, qui avait une si noble origine et qui avait rendu de si grands services au pays, fut violemment supprimée à la Révolution.

Nous trouvons la compagnie de Suippes (les Maraudeurs), réunie à Reims pour le prix général rendu en cette ville le 15 juin 1687. Jean Colin, graveur rémois, a perpétué par la gravure cette fête provinciale, comme on disait alors. On voit, dans cette gravure, toutes les compagnies sortant de l'hôtel de l'arquebuse de Reims, défilant dans la rue Large, pour se rendre dans les promenades où devait avoir lieu le tir général. (Cette gravure est à la bibliothèque de Reims.)

Dans la réception faite à vingt compagnies d'arquebusiers par la ville de Meaux, le 28 août 1717, on voit figurer la compagnie de Suippes, dont le sieur Oudin était lieutenant.

On est étonné qu'à la magnifique réception faite par la ville de Châlons, à quarante-deux compagnies, en 1754, on ne voie pas figurer celle de Suippes. C'est que la riche abbaye d'Avenay venait d'être incendiée, et que les habitants de Suippes ne voulaient pas se réjouir quand leur seigneur était en deuil.

La compagnie de Suippes a été renommée dans ses concours à Saint-Quentin et à Meaux; elle eut longtemps un empereur, comme on peut le voir aux archives de la Marne et aux pièces justificatives.

SAPEURS-POMPIERS.

C'est en 1811 qu'a été rendue l'ordonnance qui crée à Suippes une compagnie de sapeurs-pompiers, compagnie qui, depuis cette époque, s'est rendue si utile. Le premier capitaine a été M. Jullion-Morand, lieutenant, M. Varennes (Hilaire), sous-lieutenant, M. Jullion-Nottret. La compagnie fut inaugurée le 15 août, et, à cette occasion, elle fit bénir son drapeau qui était de soie bleue. Sur l'un des côtés on avait peint une pompe à incendie, et l'autre côté portait cette inscription : *Sapeurs-pompiers de Suippes*. Les coins étaient ornés de haches en croix. Le porte-drapeau était M. Niclet, ancien maréchal-des-logis au régiment d'Artois, aujourd'hui le 9e cuirassiers.

GARDE NATIONALE.

La garde nationale fut organisée à Suippes, après les journées de Juillet 1830. On forma un bataillon de quatre compagnies, passé en revue par le roi Louis-Philippe, à Châlons, le 7 juin 1831. M. Bourgeois-Thierry en fut nommé commandant ; il était encore investi de ces fonctions en 1848, lorsqu'on donna au bataillon une nouvelle organisation. On trouvera plus loin le récit des services rendus par M. Bourgeois dans ces diverses circonstances.

CHAPITRE V.

Fortifications, monuments civils et religieux ; description topographique et historique des places, rues, ruelles, impasses, ponts et quais de la ville, avec leur étymologie et leurs anciens noms ; fêtes bizarres du moyen âge ; quelques procès concernant les sorciers.

Si l'on consulte les historiens de l'ancien royaume d'Austrasie, on voit que tous les pays situés entre Reims et Sainte-Ménehould ont horriblement souffert de l'invasion des Normands, en 842. Suippes, fortifié par Blanche, comtesse de Champagne, en 1217, le fut encore, en l'an 1579, par ordre du roi Henri III. Les remparts qui, à cette époque, avaient été élevés à une grande hauteur, furent détruits, par mesure de salubrité, à la suite des épidémies de 1768 et 1769. En 1774, on rendit un arrêt pour engager les habitants de Suippes à reculer leurs jardins sur l'emplacement des anciens remparts. Il faut convenir que, depuis le XVIe siècle, ces remparts ont toujours été impuissants à arrêter les nombreux corps de troupes qui, à différentes époques, incendièrent et pillèrent le pays.

L'église, telle qu'elle existait avant sa restauration, en 1859, paraissait remonter au XIIIe siècle ; son clocher, de forme carrée, rappelait le style roman. On verra, dans le procès-verbal que nous donnons plus loin, les mutilations que les reîtres firent souffrir à cet édifice, en 1649, après l'avoir pillé et dévasté, jusqu'à emporter le plomb des toits.

Cette église avait remplacé la chapelle dite de Notre-Dame, qui était située dans la rue de ce nom; elle avait été érigée par un seigneur de Nanteuil ou de Nantivet.

Les archives de la Marne disent que l'église de Suippes fut réparée, de 1772 à 1775, sous la direction de M. des Closets, de Châlons; ces réparations ont coûté 17.126 livres 2 sous 3 deniers.

Nous avons relevé, sur deux pierres tombales, ces inscriptions :

CI GIST HONESTE PERSONE
PJERRE CHASTON EN SON
VIVANT NOTAIRE
ROIAL ET PROCUREUR DE
L'ABBAYE SAINT PIERRE D'AVENAY

DEM A
SVIPPE, LE QUEL TRESPASSA
LE NEUFIESME DE SEPTEMBRE
L'AN MIL V^e (pour cinq cents)
SOIXANTE ET JEANNE
DELASNERIE SA FEMME
LAQUELLE TRESPASSA LE......

En bas :

PRIEZ DIEU POUR EULX
CY GISTE LE CORPS DHONORABLE
HOME NICOLAS DELASNERY
FILZ DE FRANCOIS DELASNE
RY EN SON VIVANT MAR
CHAT DEM A SVIPPE QUY
DECEDA LE XXVe
SEPTEMBRE 1616 AGE DE
XXVII ANS
PRIEZ DIEU POUR
SON AME

En 1859, on commença à faire les réparations les plus urgentes à cet édifice, qui menaçait ruine en plusieurs endroits Ces travaux considérables durèrent trois années ; une flèche élancée a remplacé l'ancien clocher ; les cloches furent remontées sur de nouvelles charpentes ; trois autels, d'un goût moderne, ont remplacé les anciens ; la plupart des statues de saints, qui ornaient l'église, sont changées, ainsi que le chemin de croix. Ces changements, malheureusement, se font toujours aux dépens de l'édifice qui finit par perdre de son style original. Ainsi, en examinant les piliers près du chœur, on voit qu'à une certaine époque un jubé en défendait l'entrée. Les chapiteaux des piliers de chaque côté de la nef sont ornés de chimères parfaitement sculptées, et qui mériteraient bien de figurer dans un recueil archéologique.

Le bon Dieu de pitié, qu'on a placé près de la porte de la sacristie, est un bois sculpté et n'est pas sans mérite ; seulement on lui a *scié le dos* afin qu'il présentât moins de saillie. On se demande comment on doit qualifier un pareil acte. La majeure partie des pierres tumulaires ont disparu, entre autres celle du curé Petit, le modèle des pasteurs. Nous avons pu encore voir cette pierre et en copier l'inscription, qui rappelle les mérites et les vertus de ce vénérable prêtre. Nous la donnons à son article biographique.

Le 24 août 1862, jour de la confirmation des en fants, Mgr Bara, évêque de Châlons, vint consacrer et bénir l'église. Cette cérémonie se fit avec une grande solennité. Y assistaient : l'empereur Napoléon III, les maréchaux Mac-Mahon et Canrobert, le général Fleury et plusieurs autres officiers généraux français et étrangers, M. Thouvenel, ministre des affaires étrangères, M. J. Haudos, député de la Marne, et M. Bourgeois, membre du Conseil général pour le canton de Suippes. Sans entrer dans aucune considération politique, notre devoir d'historien nous oblige à dire que la belle flèche de l'église est due à la munificence impériale.

La mémoire de la réédification de l'église est relatée sur un grand tableau en marbre noir donné par M. Eugène Seure, demeurant à Paris, et frère de M. le Dr Seure, de Suippes. On y a gravé l'inscription suivante :

Perpetuum gratæ civitatis monumentum.

Anno Domini MDCCCLXII die vero mensis Augusti XXIV, sub memorando Pie IX pontificatu. Hujus oppidi vulgo dicti Suippes res civiles administrante D. Ludovico Henrico Crussaire, parochiam autem regente D. Memmio Ouriet decano canonicoque honorario, ecclesiam hanc Napoleonis III Gallorum imperatoris munificentia restauratam maximo populi concursu frequentiorique adstante clero consecravit Joannes-Honoratus Bara, Catalaunensis episcopus similiterque majus altare, sub quo S. Memmie, primi Catalaunensium præsulis, nec non S. S. recondita sunt; dedicavit hâc eâdem die jam advesperascente, benigne votis nostris annuens idem imperator, comitantibus conspicius militiæ magnatibus, è vicinis Catalaunensibus castris oppidum nostrum ecclesiamque ingressus tanta lætitia tantisque plausibus ab incolis exceptus est, ut,

novo munere, nondum peractum ejusce templi fastigium aëreo turri coronari propriis impensis mandaverit.

En 1773, l'église n'était pas assez grande pour contenir tous les fidèles ; il y avait six cloches, dont une de cassée.

L'élection des marguilliers, présidée par le curé, se faisait le jour de Noël. L'assemblée était convoquée au prône, et tenue par les officiers de justice et les anciens fabriciens. L'année suivante (le 20 février), on constate que les pauvres de la commune n'ont pour tout revenu que les droits de la boucherie de Carême, levés à leur profit.

A cette époque, il y avait six confréries qui, de fait, n'en formaient que quatre : 1° la confrérie du Saint-Rosaire ; 2° de Saint-Sébastien et de Saint-Roch ; 3° de Saint-Fiacre et de Sainte-Cire ; 4° de Saint-Hubert.

Ces confréries avaient pour revenus cinq sous une fois payés pour chaque entrant, et deux sous pour chaque confrère par chaque année.

Les confréries nommaient un receveur annuel ; le curé n'y avait aucune voix, si ce n'était à celle du Saint-Rosaire, dont les comptes étaient rendus chez lui.

En 1716, une assemblée eut lieu, présidée par M. Jacques Hachette, chanoine de Saint-Symphorien de Reims, pour la conservation et la restaura-

Église de Suippes.

tion des ornements d'église, et pour la construction d'une sacristie.

Le 18 février 1788, une requête est présentée à l'archevêque de Reims, par les échevins et habitants de Suippes, afin d'avoir une horloge paroissiale, attendu que celle qui s'y trouve ne va pas les trois quarts du temps. A la même date, on trouve une lettre du curé de Suippes, dans laquelle il dit qu'il ne sait pas ce qu'on a pu faire des économies de la fabrique avant l'année 1780.

A la visite épiscopale de 1799, on constate que le tabernacle de l'église n'est point doublé et que les pierres du maître-autel de la Vierge ne sont point consacrées. Il est ordonné des réparations urgentes à l'église et à la maison d'école, qui tombe en ruine, ainsi que l'enceinte du cimetière, principalement du côté de la rivière. (Archives ecclésiastiques.)

D'après le Codex de l'an 1346, publié par Varin (archives de la ville de Reims), le presbytère de Suippes (Suppia) payait 16 sols 16 deniers, et celui de Somme-Suippe (Summa-Suppia), 16 sols.

En 1707, les échevins et habitants de Suippes demandent à l'archevêque de Reims un supplément de 60 livres pour le vicaire, attendu que la somme de 250 livres, fournie par les dames religieuses, ne suffit pas. (L'abbaye d'Avenay rapportait 20,000 livres.)

A la visite épiscopale de 1769, il y avait dans l'église de Suippes trois autels : le grand autel, celui de la Vierge et celui de Saint-Nicolas.

HÔTEL DE VILLE.

Le 17 juin 1849, la première pierre de l'hôtel de ville fut posée par M. Crussaire, maire de la ville et chevalier de la Légion-d'Honneur, en présence du Conseil municipal et de M. de Grandrut, architecte. MM. Frédéric Lefèvre et Regnault-Collery furent les entrepreneurs.

Le 1er octobre 1853, on posa des réverbères pour l'éclairage des rues; avant la Révolution, il était défendu aux habitants de sortir le soir sans leur lanterne, et, en cas d'incendie ou d'émeutes populaires, chaque habitant était tenu d'éclairer la devanture de sa maison; aujourd'hui, comme les grandes villes, Suippes est éclairé par le gaz, dont l'établissement est situé près du nouveau cimetière.

LA FOSSE DES MANANTS.

C'était un endroit déterminé situé entre Suippes et Somme-Suippe, où les bas justiciers se rendaient pour juger le peuple et prononcer des amendes; on voit encore les restes informes de cette fosse sur la route de Somme-Suippe, à main droite, un peu avant d'arriver à Nantivet; du reste, c'est un lieudit qui a conservé son ancien nom.

ÉCOLES.

En 1529, Claude de Vaux père et fils furent condamnés, par le prévôt d'Epernay, à 62 sols d'amende, pour avoir ouvert une école à Suippes sans l'autorisation des dames religieuses, et défense leur est faite d'exercer une telle profession à l'avenir sans en avoir permission. (Inventaire de l'abbaye d'Avenay.)

En 1773, il y avait un maître d'école et deux sœurs, et le 5 mai 1776, délibération et conclusion à la requête de l'intendant de Champagne, de lever, sur les revenus communaux, une somme de vingt livres pour être annuellement employée à une augmentation de pension pour les sœurs des écoles chrétiennes dans cette paroisse, en vertu d'une fondation d'une dame de Gournay, sans cependant que cette fondation soit particulière à Suippes. *(Ibid.)*

HÔTEL-DIEU.

L'Hôtel-Dieu était situé dans la rue de ce nom,

à main gauche, en entrant dans cette rue par la rue de l'Ange. Il y a vingt ou vingt-cinq ans, en démolissant une grange en cet endroit, on a encore trouvé des anciens objets provenant de cet établissement. On ignore l'époque de sa fondation, mais, suivant les papiers déposés aux archives, le matériel aurait été enlevé, à l'Hôtel-Dieu de Reims, en 1701, avec la réserve de quatre lits pour les habitants de Suippes.

MALADRERIE.

Ces établissements, fondés pour les lépreux et les pestiférés, à la suite des croisades, étaient très-nombreux dans nos provinces. La maladrerie de Suippes existait dans le faubourg Saint-Antoine, vis-à-vis l'hôtel de la Cloche-d'Or, au lieudit le Bois-d'Aubert ; un calvaire indique encore la place où était établi le cimetière de cet établissement, qui a précédé la création d'un Hôtel-Dieu.

ANCIENNES AUBERGES.

Celles qui existaient autrefois à Suippes sont :

1° La Pomme-d'Or, située dans la cour qui porte ce nom, près la rue Saint-Pierre ;

2° Le Cheval-Rouge, tenu en dernier lieu par le sieur Laviarde, où est aujourd'hui la caserne de gendarmerie ; cette auberge est citée dans un titre de 1779 ;

3° L'auberge de la Croix-Blanche, située autrefois rue de l'Auge, entre la rue de la Corne et celle du Tripot ; elle a été brûlée en 1794.

Aujourd'hui le principal hôtel est l'hôtel de Reims, tenu par Mme Defer.

Description des rues, ruelles, impasses et quais de la ville de Suippes.

PLACE DU MARCHÉ.

Autrefois place de l'Abbaye-d'Avenay, qui rappelait que Suippes était soumis à sa juridiction. Cette place s'étend depuis l'église jusqu'aux rues de Saint-Pierre et de Saint-Honoré. Il y avait autrefois une halle située sur la place, et qui fut détruite pendant les guerres de religion; son emplacement s'appelle encore aujourd'hui les Grand'cours.

RUE SAINT-HONORÉ.

Cette rue s'appelait autrefois la rue des Cordonniers. Les maisons de cette rue étaient bâties en arcades, formées par le retrait du rez-de-chaussée des maisons, dont l'étage supérieur, en surplomb, était supporté par des poteaux de bois, que des Michel-Ange du crû ornaient quelquefois de sculptures.

Le jour des foires, les cordonniers qui habitaient

cette rue exposaient une grande quantité de chaussures, qui faisaient l'objet d'un commerce assez considérable. Aujourd'hui cette rue porte le nom de Saint-Honoré, en souvenir du pape Honoré III, qui, dans une bulle adressée à l'abbaye d'Avenay, prend sous sa protection et sous celle de saint Pierre tout ce qui appartient à Suippes et Somme-Suippe.

RUE DE L'ORME.

Cette rue va de la rue Saint-Antoine à la place. Elle tire son nom, dit-on, des ormes qui y étaient plantés il y a quelque cinquante ans. La similitude des noms de rue, dans plusieurs villes de France, a une signification particulière et rappelle un ancien usage de rendre la justice en plein vent. En l'année 1045, Mesnard, archevêque de Sens, fut chargé d'accommoder un grave différend entre un chapitre et un seigneur haut justicier. Il réunit sous l'orme toutes les parties litigeantes *ad ulmum convenimus*. A Suippes, il y eut plus tard la Fosse-des-Manants. L'orme Saint-Gervais existait encore à Paris en 1751. Enfin, nous croyons que les enseignes d'auberges : à l'Orme-Vert, aux Trois-Ormes, à l'Orme-d'Or, etc., etc., n'ont pas d'autre origine. Tout le monde connaît la pièce de Regnard : Attendez-moi sous l'orme.

RUE DES AUBERT.

Autrefois Cour-des-Aubert, ce nom rappelle une ancienne famille qui existe encore et dont plusieurs membres ont fait partie, il y a deux siècles, de la justice de Suippes. En 1851, la Cour-des-Aubert fut cédée à la ville par les riverains, à la condition qu'elle serait pavée aux frais de la commune, ce qui fut exécuté.

RUE DU PRESBYTÈRE.

Cette rue va de la rue de l'Orme à la rue de l'Auge. Il y a deux filatures dans cette rue : celle de M. Varenne-Thierry et celle de M. Demandre. C'est dans cette rue qu'était l'ancien presbytère.

RUE DU TRIPOT.

Ce nom rappelle un jeu de paume ou tripot qui existait dans cette rue, laquelle va de la rue de l'Auge au quai du Midi.

RUE DE LA CORNE.

Suivant M. Eugène Etienne, archéologue et cordonnier à Suippes, cette rue prend son nom de l'enseigne d'un boucher, qui représentait une tête de bœuf, laquelle ayant été longtemps veuve d'une corne, donna son nom à la rue. Cette rue va de la rue de l'Auge au pont Saint-Jacques.

RUE DE L'AUGE.

Le nom de cette rue, qui va de la rue Saint-Antoine au quai du Midi, a donné lieu à deux interprétations : la première, que nous croyons la moins probable, est que le nom de l'Auge est une corruption de celui de l'Ange ; la deuxième est que cette rue, avant d'être pavée, était toujours remplie d'eau après les grandes pluies pendant une partie de l'hiver, ce qui lui donnait, en effet, l'aspect d'une auge.

RUE SAINT-ÉLOI.

Cette rue, qui va de la rue de l'Auge au quai du Midi, porte, sur le plan de 1827, le nom de petite rue de l'Auge ; elle a deux aboutissants sur la rue de l'Auge.

RUE DE LA LOMBARDIE.

Cette rue prend rue de l'Auge et va au quai du Midi. On trouve dans beaucoup de villes la rue des

Lombards ou de la Lombardie. Cette dénomination tire son origine des marchands lombards qui vinrent s'établir en France au moment des croisades et dont la spécialité était le commerce des pierres fines, des métaux précieux et le change des monnaies.

RUE DES TROIS-MAILLETS.

Cette rue va également de la rue de l'Auge au quai du Midi. Il y a, dans le nom donné à cette rue, une coïncidence frappante. Au XVe siècle, Suippes s'appelait Suippes-les-Maillets ; est-ce un souvenir de cette dénomination ? Nous ne le croyons pas. La Compagnie des chevaliers de l'arquebuse de Suippes avait adopté des armes qui étaient d'or à trois maillets de sable.

Ces armes, qui sont celles de la famille des de Mailly, étaient aussi celles de la compagnie des chevaliers de l'arquebuse de Châlons, dont celle de Suippes était sœur, puisqu'elles avaient le même capitaine. Le lieutenant de Suippes ayant peut-être fait sculpter ou peindre ces armes au-dessus de sa porte, comme c'était l'usage pour les corporations de métiers, cet écusson aux trois maillets aura fait donner sans doute le nom à la rue.

RUE SAINT-SÉBASTIEN.

On a vu plus haut qu'il y avait une confrérie de Saint-Sébastien, qui est le patron des archers et des arbalétriers, et qui demeura celui des chevaliers de l'arquebuse pour Suippes. Les statuts de cette confrérie ont été réimprimés à Soissons, chez Varoquier, en 1748. C'était l'abbé de Saint-Médard de Soissons, qui était grand-maître de France pour toutes les confréries. La ruelle Saint-Sébastien prend rue de l'Auge pour aboutir quai du Midi.

RUE SAINT-PIERRE.

Cette rue va de la place au pont Saint-Pierre. Son nom rappelle que l'abbaye d'Avenay, dont dépendait Suippes, était placé sous le vocable de saint Pierre.

RUE DE L'HÔTEL-DIEU.

Cette rue, qui va de la rue Saint-Pierre à la rue de l'Auge, prend son nom d'un ancien hôpital qui y existait d'ancienneté; il fut supprimé en 1701; son matériel fut transporté à l'Hôtel-Dieu de Reims.

RUE NOTRE-DAME.

C'est dans cette rue, qui va de la rue Saint-Pierre

à la rue de l'Auge, que se trouvait une chapelle dédiée à la Vierge et fondée par un sieur de Nanteuil, seigneur de Suippes.

Il en est parlé dans les actes de la province ecclésiastique de Reims (tome II, p. 1115) *Capellania sita in parrochia de Suppia;* elle payait vingt-deux sols. Voir aux pièces justificatives.

PETITE RUE NOTRE-DAME.

Cette rue, qui prend rue Notre-Dame, va à la rue de l'Hôtel-Dieu en décrivant une espèce de Z allongé.

RUE DE LA PLANCHETTE.

Cette rue prend sur la place et va jusqu'à la rue Saint-Martin ; son nom lui vient de la planche qui servait aux piétons avant la construction du pont. Les chevaux et les voitures passaient à gué.

PONT DE LA PLANCHETTE.

Situé dans la rue de ce nom, il fut réparé en 1739 et coûta 215 livres 15 sols, déduction faite des souliers fournis aux miliciens par les habitants de Suippes. (Archives de la Marne, papiers de l'intendance.)

Ce pont fut reconstruit à neuf et rélargi en 1847

pour le passage de la route nationale N° 77 de Nevers à Sedan.

RUE DE LA SURGÉNERIE.

Cette rue est le prolongement de la vieille rue Saint-Pierre et aboutit sur la Carpière.

Deux étymologies se présentent pour le nom de cette rue. Ceux qui ont quelque prétention à la langue de Tacite, ont fait dériver Surgénerie de *Surgis*, c'est-à-dire du côté où le soleil se lève, et en effet, cette rue se trouve à l'Est de Suippes. Nous ne sommes pas de cet avis ; le mot Surgénerie est, suivant nous, la corruption de celui de Sergénerie, c'est-à-dire la rue où se tenaient plus particulièrement les fabricants de serges, au XVIIe et XVIIIe siècle. Comme on a pu le voir plus haut, au chapitre commerce et industrie, ces sortes d'étoffes étaient beaucoup prisées aux foires de Troyes.

RUELLE BAYARD.

C'est à tort et par corruption qu'on a inscrit ce nom sur le plan de 1827, qui est le dernier fait : cette ruelle, en partie supprimée, qui prend à gauche de l'église pour aboutir à la rivière, n'est plus pratiquée. Il y avait autrefois une sortie de la sacristie sur cette ruelle, qui s'appelait Bailla, comme les habitants en ont conservé la tradition, et non Bayard, comme on l'a prétendu.

Ce nom de Bailla rappelle une fête grotesque très-répandue en Champagne, au moyen âge.

Les trois premiers jours des Rogations, une procession sortait de l'église, précédée du *Bœilla*, espèce de monstre en osier de la forme d'un dragon volant. Il était orné de fleurs, de fruits, de legumes et enjolivé de rubans ; il avait une gueule immense, et un mécanisme placé à l'intérieur faisait mouvoir les mâchoires ; on lui jetait des pièces de monnaie, du pain d'épice, des gâteaux, des œufs cuits, du lard, etc., etc. Tout ce qui entrait dans la gueule était pour le curé, et tout ce qui tombait à terre appartenait aux chantres et aux enfants de chœur.

Le jour de l'Ascension, le Bailla sortait encore ; seulement, au lieu de précéder la procession, il la suivait.

RUELLE DU GUÉ-BAYARD.

C'est le prolongement de la précédente de l'autre côté de la rivière et qui aboutit vieille rue Saint-Pierre.

RUE DES CROQUILLONS.

Cette rue prend sur la place, près de l'ancienne

auberge du Cheval-Blanc, et aboutit rue de l'Auge. On nous a assuré qu'elle tirait son nom d'une fabrique de croquignolles, espèces de massepains qui avaient beaucoup de vogue et qu'à Suippes on appelait croquillons.

RUELLE DES CHATS.

Cette ruelle, que les habitants appellent *des Chets,* va de la place et de la rue de l'Orme à la rue du Presbytère; elle sert autant de passage qu'à un ancien usage qui rappelle la facétieuse dissertation de Grosley sur la rue du Bois, à Troyes, et qu'on trouve dans le recueil *des Causes amusantes et connues.*

Du reste, cela n'empêche pas la race féline de s'y donner carrière à cœur joie.

Depuis vingt ans, deux incendies ont endommagé ou détruit plusieurs bâtiments donnant sur cette ruelle, lesquels ont été reconstruits quelque temps après.

RUELLE SATOULET.

Cette ruelle va de la rue de l'Orme à la rue de l'Auge, elle a pris le nom d'un ancien propriétaire.

RUE DE LA TRONÇONNERIE.

Cette rue, qui va de la rue de l'Orme à la rue de l'Auge, a, sur le plan de 1827, le nom de Petite rue des Trois-Maillets, sans doute parce qu'elle a son entrée en face de la grande rue de ce nom.

IMPASSE SAINT-PIERRE.

Cette impasse va de la rue Saint-Pierre sur le quai de l'Arquebuse.

COUR DE LA POMME-D'OR.

Cette cour, qui a entrée par la rue Saint-Pierre, rappelle le nom d'une auberge qui y était située. Aujourd'hui, l'auberge de la Pomme-d'Or est tenue au faubourg Saint-Jacques par M. Jaunet.

COUR CRIMOTEL.

Cette cour, qui prend aussi son entrée sur la rue Saint-Pierre, a pris le nom d'un ancien propriétaire. C'est à côté de cette cour qu'il y a une ruelle-abreuvoir, indiquée sur le plan de 1827 et que l'incendie de 1842 a sensiblement modifiée.

RUELLE JACQUART.

Cette ruelle va de la rue de l'Orme à la rue de l'Auge ; elle se trouve entre les rues du Presbytère et de la Tronçonnerie. Son nom n'a jamais été indiqué par une plaque.

RUE SAINT-MARTIN.

Cette rue, qui n'est que le prolongement de la rue de la Planchette pour aboutir au nouveau cimetière, s'appelait autrefois la rue du Four, à cause du four banal qui y fut établi au XVe siècle. Il y a encore dans cette rue une maison qu'on appelle Jacquart-du-Four. L'église de Suippes est sous le vocable de saint Martin.

RUE SAINT-CLOUD.

Cette rue va de la vieille rue Saint-Pierre au chemin de Jolivet, près de celui de la Marzelle.

CHEMIN DE JOLIVET.

Ce chemin commence à la rue Saint-Antoine, près de l'ancienne filature de M. Varenne (Jacques), et va jusqu'au rempart, près du chemin de la Marzelle, où était situé autrefois l'ancien fief de Montfeschier.

CHEMIN DE LA HAUTE-VOIE DE CHALONS.

Ce chemin prend au bout de l'ancien chemin de l'Arquebuse et se dirige dehors du faubourg Saint-Jacques, vers l'ancienne route de Châlons. C'est par ce chemin que les Russes firent leur entrée à Suippes en 1815.

CHEMIN DE L'ARQUEBUSE.

Ce chemin, sur le plan de 1827, est indiqué allant du chemin de la Haute-Voie de Châlons à la Chéparde.

QUAI DU MIDI.

Autrefois rempart Saint-Jacques, jusqu'au pont Saint-Jacques, et rempart de la Chéparde, depuis le pont Saint-Jacques jusqu'au pont Saint-Pierre.

QUAI DE L'ARQUEBUSE.

Ce quai va du pont Saint-Pierre à la Carpière. Il prend son nom du jardin des Arquebusiers, qui était situé en face, et qui porte encore le nom de l'Arquebuse. Sur le plan de 1827, il est indiqué chemin de la Carpière.

CHEMIN DU REMPART SAINT-MARTIN.

Ce chemin prenait au bout du chemin de Jolivet

et allait jusqu'au vieux chemin de Somme-Suippe. Les remparts ayant été comblés en 1848, il n'y a plus qu'une vaste promenade qu'on ferait bien de planter d'arbres : c'est la moindre chose que l'édilité du pays puisse faire pour sa laborieuse population.

CIMETIÈRE SAINT-MARTIN.

Ce cimetière est situé en dehors des anciens remparts, à l'angle de la route de Vouziers ; il a été ouvert en 1833 pour remplacer celui qui existait autour de l'église. La première personne qui y fut enterrée fut M. Pierre Senart, ancien lieutenant de gendarmerie, et le premier monument funèbre fut placé sur la tombe d'une actrice nommée Mlle Fond.

FAUBOURG SAINT-JACQUES.

Ce faubourg, situé au Sud de Suippes, est désigné, sur le plan de 1827, sous le nom de *Hameau de Saint-Jacques*. C'était dans ce faubourg que se réunissait la Société des francs-maçons qui s'était formée à Suippes après la Révolution de 1830. Elle portait le titre de Loge-Saint-Jean ; c'était aussi dans ce faubourg, sur le chemin qui conduit au faubourg Saint-Antoine, qu'on avait établi, en 1854, une ambulance pour les cholériques.

FAUBOURG SAINT-ANTOINE.

On donne ce nom à quelques maisons situées de l'autre côté du pont en allant à Châlons. On trouve dans ce faubourg l'hôtel de la Cloche-d'Or fondé par M. Delannerie-Gaillet, ainsi que les filature et tissage mécanique de MM. Varennes frères. C'était aussi dans ce même faubourg qu'au moyen âge on avait établi une maladrerie pour les pestiférés.

PONTS DE SAINT-ANTOINE ET SAINT-JACQUES.

Ces deux ponts, bâtis sur le bras de la Suippe qui longe le quai du Midi, furent executés sous les ordres de M. Prignet, entrepreneur de Châlons, en 1766. Avant cette époque, les voitures passaient à gué et il y avait une planche pour les piétons. Il est à présumer que, dans leur première construction, ces ponts laissaient beaucoup à désirer, puisque en 1775 on dépensa pour réparer le pont Saint-Antoine 6,305 livres 3 sols 11 deniers, et pour celui de Saint-Jacques 5,010 livres 10 sols.

PONT SAINT-PIERRE.

Ce pont a été construit en 1840 pour le passage

de la route nationale N° 16 de Reims à Metz ; il est situé à proximité de la rue qui porte son nom.

LA CARPIÈRE.

Cette place est située au bout de la rue de la Surgénerie, entre le rempart Saint-Martin et le quai de l'Arquebuse. Il y a trente à quarante ans, c'était le rendez-vous favori des joueurs de quilles, jeu alors fort en vogue à Suippes, et que le billard semble avoir remplacé aujourd'hui.

Dans notre description topographique de Suippes, nous n'avons pas indiqué la Chéparde, faubourg Saint-Jacques, près du chemin des Echavés, non plus que des annexes de Suippes, telles que Nantivet et la Foulerie-Saint-Remi. Il y a encore La Cherme, où les abbesses d'Avenay avaient jadis cinq moulins et de beaux réservoirs remplis de poissons. Il y aurait encore des recherches à faire sur le Beau-Camp, sur le lieudit le Mont-de-Guise, etc., etc.; mais toutes ces recherches nous auraient fait dépassé le but que nous nous sommes proposé en publiant de simples notes et des documents inédits. Du reste il est assez juste que nous laissions quelque chose à faire à nos neveux.

Nous terminons ce chapitre en faisant connaître quelques fêtes et coutumes en usage à Suippes, de toute ancienneté.

La Champagne, pour ne parler que de notre province, avait jadis une foule de fêtes fort réjouissantes, et qui valaient assurément mieux que les fêtes officielles de nos jours, attendu qu'elles rappelaient ce vieil esprit gaulois que le culte du Veau-d'Or menace d'engloutir sous la suffisance et la nullité.

A Sens et à Provins, il y avait la fête de l'Ane ; à Provins, il y avait encore celles des Innocents, du Roi-des-Rosiers, du Dragon et de la Lézarde, les danses de Saint-Quiriace et de Saint-Thibaut.

A Châlons, il y avait la fête des Fous, le Convoi de Carême-prenant et la Procession-Verte. A Langres, c'était la Flagellation de l'*Alleluia*, et à Chaumont, c'était la Diablerie. A Suippes, le premier dimanche de Carême, on allumait dans les champs de grands feux de paille, autour desquels on dansait en chantant ces vieux refrains de la langue romane, en partie perdus pour l'histoire de notre littérature nationale. Cette fête s'appelait le dimanche des *Brandons*.

Il y avait la fête du Bailla, dont nous avons donné la description plus haut à la topographie des rues.

Le jour de la Saint-Jean, il y avait une procession qui se rendait à la Foulerie-Saint-Remi, écart de Suippes, sur la rivière en allant à Jonchery. On élevait une pyramide de fagots, de copeaux, de vieilles futailles, etc. Le clergé y mettait le feu, et chantait des litanies jusqu'à ce qu'il fut éteint. Les charbons et les cendres qui en provenaient étaient soigneusement ramassés et conservés par les habitants comme un préservatif du tonnerre.

Les fêtes des confréries étaient chômées par presque tous les métiers ; il y avait bal où les patrons se faisaient un plaisir de danser et de trinquer avec leurs ouvriers. Il est vrai qu'à cette époque il n'y avait ni grève ni Internationale ; tout le monde comprenant mieux ses devoirs et ses obligations, les affaires n'en allaient pas plus mal ; seulement on ne voyait pas de filateur réaliser, comme aujourd'hui, de quinze à vingt mille francs par an, et le rapprochement était plus facile.

Autrefois les fabricants d'étoffes dites de Suippes avaient coutume, la veille de la Saint-Martin, fête patronale du pays, de réunir chez eux leurs ouvriers pour leur offrir à souper. Il en était de même le jour des Rois. On se demande si ces coutumes, tombées en désuétude, n'étaient pas nécessaires pour entretenir entre le maître et l'ouvrier une fraternité d'autant plus durable qu'elle était basée sur l'estime réciproque. On ne changeait pas de patron comme aujourd'hui.

LES SORCIERS.

Le fait de magie et de sortiléges remonte à la plus haute antiquité. Les capitulaires de Charlemagne et les ordonnances des rois de France font mention de prétendus sorciers. On est sûr d'une chose, dit à ce sujet Voltaire, c'est que les juges qui condamnaient un individu comme étant sorcier ne l'étaient pas. Malheureusement, on fit une foule de victimes avant de revenir à la saine raison.

Le ban de Suippes ne fut pas à l'abri des erreurs de l'époque. Nous trouvons, dans l'inventaire de l'abbaye d'Avenay, qu'en l'année 1587 ont été rendus les arrêts suivants pour faits de sortiléges et de magie contre les nommés Jean Robert et Jeanne Robert, sa fille, manouvriers à Suippes, qui furent pendus et brûlés.

Nicole Fourny, pendue et brûlée.

Pernette Porquin, condamnée à être fouettée par l'exécuteur de la haute justice, puis bannie à perpétuité du ban de Suippes et d'Avenay.

Martine Chaudart, condamnée à être pendue et brûlée, et ses biens confisqués au profit de l'abbaye d'Avenay.

Marguerite Le Houx, convaincue d'être sorcière, est condamnée à être pendue, étranglée et brûlée.

Charondas, dans son recueil d'arrêts, convient

que le fait d'irréligion entrait pour moitié dans les accusations de magie et de sortilége.

C'est aussi l'avis de l'avocat général Sirvin, dans un arrêt de la Tournelle criminelle du 1er décembre 1601, dans lequel il dit qu'il y a des devins, des enchanteurs et des sorciers qui sont ennemis de l'Eglise, et qu'il faut condamner, en vertu des saints décrets, qu'il indique clairement tirés de l'Ancien et du Nouveau Testament.

CHAPITRE VI.

Evènements remarquables arrivés à Suippes depuis les temps les plus reculés jusqu'à nos jours.

Nous l'avons dit dans notre préface, une foule de circonstances malheureuses avait contribué à laisser dormir l'histoire de Suippes dans les limbes d'un passé inconnu, et il a fallu six années consécutives de recherches multipliées pour retrouver quelques points de repère, afin de lier ensemble une foule de faits isolés qui se sont accomplis à Suippes, localité de peu d'importance au point de vue historique. Il fallait présenter ces divers évènements la plupart peu considérables, d'une manière claire et précise, suivant l'ordre chronologique, afin de faciliter la besogne à de plus habiles qui voudraient un jour augmenter cet ouvrage et en faire une histoire définitive; nous déclarons en toute humilité qu'un pareil travail eût été au-dessus de nos forces ; nous avons promis des notes et des documents inédits, nous faisons notre possible pour tenir notre promesse.

Les nombreuses tombelles qui se trouvent dans les environs de Suippes accusent des luttes et de grands faits d'armes accomplis dans nos contrées. Dans une découverte faite à Saint-Jean-sur-Tourbe en 1868, M. Counhaye (1) a retrouvé les traces d'une action qui eut lieu dans nos pays sous le règne de Tibère, vers l'an 21 de l'ère chrétienne, à l'époque où la Gaule fut soulevée par Sacrovir (Eduen) et par Florus (Belge). Sacrovir fut accablé par le nombre ; les Tourangeaux et les Angevins qu'il conduisait furent taillés en pièces.

231. — Ce fut encore sur les confins du territoire de Suippes que Tétricus fut défait par Aurélien et, sous Valentinien, Jovin, général rémois, battit les Allemands dans les environs de Sainte-Ménehould. C'est à ces différents faits d'armes qu'on doit la découverte, dans nos contrées, d'armes et d'armures gallo-romaines dont quelques fouilleurs infatigables ont enrichi nos musées, et dont plusieurs, comme M. Morel, percepteur à Châlons, ont pu réunir une collection considérable.

(1) Il est bien entendu que nous lui en laissons toute la responsabilité.

Nos pays ne purent rester indifférents aux luttes qui précédèrent et qui suivirent la chute de l'Empire d'Occident, mais l'histoire est muette en ce qui concerne la petite ville qui nous occupe, et Dom Bouquet lui-même, dans sa collection considérable des *Historiens des Gaules* ne nous apprend rien de particulier. Il faut arriver au XIe siècle pour trouver trace de Suippes. (Voir les diverses pièces aux notes justificatives.)

1350. — Gilles de Rodemarck ravagea le Rémois ; ses troupes vinrent jusqu'à Suippes, et en 1365, ce fut le tour de Guillaume de Nassau. Les habitants de Suippes passaient la nuit sur les remparts.

En 1362, surgit un procès entre l'abbesse d'Avenay et les religieux, de l'abbaye de Saint-Menge, de Châlons, lesquels avaient fait saisir plusieurs pièces de terres sises Côte au Chétif, sur le territoire de Somme-Suippe, procès qui fut rendu par Jeanne de Navarre en ses assises d'Epernay, au profit de l'abbaye d'Avenay.

1361. — Jean Hermangart et sa femme sont arrêtés pour crime d'assassinat sur la personne de Jean Le Cordier. Le prévot d'Epernay ayant fait transporter les coupables à Epernay, fut obligé, sur l'ordre de Jeanne, reine de France et de Navarre, de restituer les prisonniers à la justice de Suippes.

Le 21 septembre 1362, Guillaume du Plessis, bailly de Vitry, déclare que passant à Suippes pour aller voir le roi à Reims, trouva à la maison abbatiale (occupée aujourd'hui par M. Bédigis) un cerf nouvellement tué qu'il emporta avec lui.

1414. — A propos des vingt livres appelées du Gile-le-Comte, les dames religieuses ayant traduit les habitants de Suippes devant le prévôt d'Epernay, et ces derniers ayant été condamnés, une émeute s'ensuivit à Suippes ; les habitants comblèrent les fossés qu'il y avait autour de l'église et de la maison abbatiale et arrachèrent les saules et autres arbres qui bordaient lesdits fossés. Traduits de nouveau pour ces différents faits les habitants furent condamnés à remettre les choses dans leur premier état, de retirer les décombres de la rivière, afin de rétablir son cours ordinaire.

1550 et 1551. — Rosem, général de Charles-Quint, prend Stenay, brûle tous les villages entre Grandpré et Montfaucon, et vient se ravitailler à Suippes où plusieurs maisons de la rue du Four sont la proie des flammes. (Dom Lelong, *Histoire de l'Ancien diocèse de Laon* et l'inventaire de l'abbaye d'Avenay.)

1614. — Le 29 avril, il y avait déjà plusieurs jours que l'armée de Condé était à Suippes à la charge des habitants et occupée à rançonner les pays des environs, le bailli de Vitry écrivit à la reine pour la solliciter d'empêcher ces troupes de venir inquiéter Vitry. (M. De Ballidart, manuscrit déposé à la mairie de Vitry).

Nous sommes arrivés par ordre chronologique à l'époque de la Fronde, où les démêlés de la cour et du parlement, sous l'influence de Mazarin et de Anne d'Autriche, alors régente du royaume, mirent la France à feu et à sang, et dont on trouve des renseignements dans les Mémoires du cardinal de Retz et de Guy Joly. C'est dans ces circonstances que quatre régiments allemands et trois autres régiments appelés Mazarin, Du Ton et Nettancourt, vinrent fondre sur Suippes pour le piller et l'incendier. Voici le procès-verbal qui relate ce grand désastre pour notre pays. On croit rêver quand on pense que cela se passait sous la minorité de Louis XIV.

Ce jourd'hui cinquième jour d'avril, mil six cent quarante neuf, par devant nous Jean Yvon, Mayeur de la dite justice de Suippes appartenant aux vénérables dames religieuses et abbesse d'Avenay, de l'élection et du bailliage de Châlons.

En présence de Nicolas Lartilleux, échevin de la dite justice, et de M. André Colin, prêtre et curé du dit lieu de Suippes.

Le procureur fiscal en la dite justice est comparu et dit

avoir fait assigner les dits habitants et communauté du dict Suippes, à comparoir pardevant nous au son de la cloche, sommes iceux comparus savoir : Claude Marchand syndic, Nicolas Horque, Pérard-Masson, Nicolas Benoit, Pierre Jourdain, François Gourmail, Pierre Pierlot, Nicolas Adnet, Georges Demissi, J. Renaud, Jacques Flamain, Nicolas Regnier, Jean Jaunet, Jérome Béru, Sébastien Tristan, Barthélemy Janson, Claude Coissat, François Virot, François Joppé, Jean Jacquart, Pierre Marguet, Claude Gand, Jean Martignon, Cuny Nottret, Jérome Galot, Jacques Poiramé, Alexandre Senart, Nicolas Rogier, Poiramé l'aîné, Poiramé Jousse, Jean Joppé, François Blanchin, Pierre Delannerie, Pierre Crimotelle, Pierre Lenoir, Pierre Thierry, Pierre Rouyer, Pierre Godart, Pierre Hilaire, Pierre Jacquesson, Nicolas Remy, Didier Haüs, François Lesage, Jean Patin, Antoine Coissat, Thomas Caillet, Adam Blavier, Louis Pariset, Eloi Lesage, Latour, Jean Collas, Nicolas Jacquesson, Pierre Martignon, Jacques Oudin, Martin Thierry, Pierre Oudin, Nicolas Mauclerc, Jean Berru, Laurent Perrotin, Claude Berru, Jacques Jacquesson, Jean Aubert, Jean Coulon, Nicolas Hermand, Sébastien Jullion, Jean Lenoir, Alexandre Collin, Nicolas Aubert, François Dahivois, François Delannerie, Jean Lefèvre, Gury, Verrière, Jean Henrot, Jean Poincenet, Raulin-Macquart, Jérémie Jacquart, Claude Faget, Nicolas Poiramé, Jean Jullion, Brice Mangrois, Nicolas Cuperly, Jean Valmy, Louis Caquet, Pierre Thoin, Toussaint Lallemand, Noël Lallemand Jacques, Denis Coquette, etc.

Lesquels en requérant le dit procureur ont remontré que le lundi 29e jour de Mars dernier, passés premier jour de la semaine sainte, étaient logés au dit Suippes trois régiment d'infanterie appelés Mazarin Du Ton, et Nettencourt en grand nombre de chefs, officiers, petits officiers, soldats, vivandières, femmes ou filles, enfants, valets et garçons, chevaux, harnais et mulets, commandés par le sieur d'Omizy, et que dès le lendemain seraient encore logés au dit Suippes quatre régiments de cavalerie allemands de nation étaient aussi en grand nombre de chefs, officiers, petits officiers, cavaliers, vivandières, femmes ou filles, valets, garçons, enfants, chevaux et mulets, harnais et chariots, commandés par le sieur Chiste, en telle sorte que la multitude, confusion et l'oppression auraient été si grandes que l'infanterie aurait délogé le lendemain, et qu'avant le dit délogement le pillage aurait été consommé tant par la dite infanterie que par toute la cavalerie, tant durant son séjour au dit Suippes jusqu'au samedi de la dite semaine sainte, et que le dit pillage aurait été fait généralement dedans l'église haut et bas, comme aussi dedans les maisons des sieurs curés et pères prédicateurs comme dans celle des dits habitants, dans les étables, détours et cache-travées, tous leurs meubles, habillements vaisseaux et argenterie de l'église, demiseing d'argent, uillers, fourchettes d'argent, bagues, bijoux, joyaux or et argent, monnaies, armes, grains au grenier, chevaux, bœufs, vaches et veaux, porcs, moutons, brebis, agneaux, ânes des moulins oies, volailles, dindes et communes, marchandises de draperie, serges, laines, merceries, vins en gros, huiles, les accomodements de labourage et huileries, les provisions des boulangers, taverniers, bouchers, grande quanlité de lard salé, ensemble les ouvrages utiles et ustensiles des boutiques des marchands serruriers, charpentiers, menuisiers, cordonniers, sergiers, drapiers, peigneurs de laines, cordiers, chirurgien, et autres et emporté le tout, même les grains des granges qui ont été mangés et consommés sur place par les chevaux et bestiaux susdits.

Beaucoup de titres des greffiers et des notaires procureurs et sergents, contrats, obligations et quittances valables des tailles, de sel et autres, déchirées et brulées ; comme aussi ceux du bureau des Fermes du roy, du doyenné de Betheniville établi au dit Suippes et autres également déchirés et brulés. Pris et dérobez les deniers royaux des dites tailles fermes et sel, rompu, brisé et brulé la plupart des meubles, bois de menuiserie et autres semblables, même les bois à bâtir, comme aussi plusieurs charrues, accomodement des charrues et labourage, métiers susdits ; jeté la plume des lits au vent, foudroyé les chanvres façonnés et autres choses semblables qu'ils n'ont pu emporter, rompant et brisant les toitures de l'église en plusieurs endroits, même les vitres et poteaux d'icelle église, même renversé plusieurs images des saints, rompu les fonts, emportant les bassins et les vaisseaux du saint crême, ont aussi rompu les autels et l'horloge, brisé une partie des orgues, pris et emporté une partie du plomb de la couverture de l'église, pris les deniers des troncs, puis rompu et emporté les chasses des reliques, et tant durant la dite semaine sainte, ils ont tenu leur prêche luthérien dans la dite église, ils ont même pris et emporté tout ce que dessus, tout le linge et les ornements de l'église, et en ce faisant jeté et foulé aux pieds les hosties sacrées, ont encore abattu la toiture des maisons des dits habitants et bâtiments en plusieurs endroits, rompu et brisé plusieurs huis et entre deux des dites maisons et mis le feu dans deux autres qui auraient été brulées et bien des autres si elles n'avaient été secourues fort habilement par les dits habitants au péril même de leur vie ; battu et molesté grandement les hommes, femmes et enfants et vieillards morts de tourments et violences susdites, des femmes souillées, d'autres rançonnées, femmes, enfants et domestiques ; une partie des dits habitants tenus prisonniers pendant les dits temps, et l'autre partie mise toute nue, sans vouloir laisser sortir aucune personne pour aller chercher leur vie ailleurs. Ils ont encore pris la cire et le miel des ruches et mouches à miel et ont déchiré les chaussées, grilles et retenues de trois étangs aluinés de carpes, vidé et écoulé ensemble cinq moulins à blé et à draps appartenant aux dites dames d'Avenay, sur la rivière du dit Suippes, en telle sorte qu'après le désastre et l'abandon des écoulements lachés des dits étangs, les ponts et portes du dit Suippes furent rompus et mis en pièces, et qu'une partie des vaches et brebis qu'ils ont laissées et qu'ils n'ont pu emporter ni emmener, erraient jour et nuit par les rues sans boire et meurent journellement. Enfin ayant laissé les dits habitants en le dit lieu en désastre et désolation si grande qu'ils n'ont plus de quoi subsister ni pouvoir de faire le chan de marsage dont les terres demeurent en friche et les dits habitants réduits à mendicité hors de crédits, redevables envers les marchands des villes et arrérages de sel, taille et contribution, la plupart malades ensemble les dits sieurs curé des tourments susdits, plusieurs sont abandonnés et errants sont par les champs et ce requérant le dit procureur fiscal les dits habitants ont estimé la perte de la dite prinse susdite dommages et interrêts, après avoir compris et rapporté chacun de leur côté et de leur perte à la seule somme de deux cents mille livres et plus, et dont que ce dessus avons dressé le présent procès-verbal pour servir ce que de raison, après que les dits habitants ont affirmé véritable.

Pour les troubles de 1649, voyez :

1° *Les mémoires de la Duchesse de Longueville.*

2° La défaite d'une partie du convoi des Parisiens dans le village de Vitry, par le maréchal de Grammont, commandant l'armée du roy (9 février). Saint-Germain-en-Laye, le 16 février 1649, in-4°.

3° *Lettre circulaire* contenant un charitable avis à quelques villes de Champagne et de Picardie pour les inviter à se résoudre à prendre le bon parti du roi, 1649, in-4° (BB. Nationale. Division de l'histoire de France).

Enfin peu de temps après, la champenois Rosard publiait sur ces tristes événements :

Le *Panégyrique royal ou le triomphe de la paix*, sur le retour de MM. les députés du Parlement avec ce qui s'est passé de plus mémorable. (Paris, Variquet, 1649, in-4°.)

L'année suivante, la guerre vint encore visiter nos pays. Le 15 décembre 1650, les Espagnols, ayant Turenne à leur tête, furent défaits entre Smide et Sommepy, au lieu dit les Blancs-Monts, par le maréchal Du Plessis-Praslin; toute l'infanterie espagnole fut tuée ou prise, des charriots de blessés arrivèrent à Suippes. Cette action fut appelée bataille de Rethel, parce qu'elle fut donnée à l'occasion et pour la possession de cette ville.

Ce brillant fait d'armes fut gravé par Nanteuil, au bas d'un portrait de Mazarin, et indiqué par Le Blanc au n° 161 de l'œuvre de Nanteuil. On peut consulter sur cette bataille l'*Histoire de Rethel*, par E. Jolibois, page 272 et suivantes.

Le long règne de Louis XIV s'écoule sans que Suippes paraisse dans une grande prospérité. On voit la riche abbaye d'Avenay n'avoir aucun égard au désastre de 1649 et lever ses impôts comme auparavant. La révocation de l'édit de Nantes vint encore augmenter les misères du temps. La France elle-même semblait décroître de sa grandeur. En 1698, on constata officiellement que la France s'était dépeuplée d'un cinquième, et le quart des terres cultivées étaient tombées en friches; le Trésor n'était pas dans un état plus prospère; Boisguilbert a calculé que pour un écu que les traitants avançaient au roi, ils en prélevaient 19 ou 20 sur le peuple, qui leur était livré ; de sorte que, comme l'avance fut de 116 millions, la France sua 2 milliards 320 millions, pour remplir le Trésor épuisé. On dût avoir recours à huit ou dix altérations de monnaies et vendre à bureau ouvert des lettres d'ennoblissement, des charges de la cour, de la justice et des finances ; ceci dura jusqu'au moment où le vieux roi, lassé d'adultère et après avoir souillé sa famille de ses bâtards, voulut bien se réconcilier avec l'Eglise par l'intermédiaire de la Maintenon.

1712. — Growestein, major général des Hollandais, parcourt la Champagne avec 3,000 chevaux, passe à Suippes ; l'inventaire de l'abbaye d'Avenay constate quelques rapines faites à la hâte et qui n'ont pas dépassé 2,000 écus ; l'inventaire en a été dressé, mais il n'a pu être retrouvé.

Il faut arriver à l'année 1731 pour trouver trace d'événements à Suippes ; c'est à l'occasion d'une femme septuagénaire, nantie de faux sel. Les gens du fisc l'ayant arrêtée, sa résistance, ameute les habitants de Suippes, qui prennent parti pour la femme et la délivrent. Bientôt l'émeute grandit, on fait usage des armes à feu et l'ordre n'est rétabli que bien avant dans la nuit ; quelques mutins sont arrêtés et paient pour tout le monde.

1769. — Plus de cent personnes furent victimes du fléau appelé peste noire ; un drapeau noir était arboré sur le clocher pour avertir le voyageur de la contagion, et de grands feux étaient allumés dans les rues ; les remparts élevés du temps de la Ligue furent rasés par mesure sanitaire. Le docteur Thomas, médecin de Suippes, périt du fléau, victime de son dévouement, et sa veuve se vit impudemment contester par le successeur de son mari le droit d'exercer la profession de sage-femme, qui était sa seule ressource pour vivre. (Archives de la Marne.)

Le dégel de 1784 a causé la ruine de beaucoup de maisons, sises près de la rivière, à Suippes et à Somme-Suippe ; les dégâts furent assez considérables.

1792. — Arrivée à Suippes de l'armée des émigrés ; presque tous les princes français s'y trouvaient. C'était Monsieur qui, depuis, fut Louis XVIII, son frère le comte d'Artois, depuis Charles X, et ses enfants, les ducs d'Angoulême et de Berry ; ils se trouvaient logés à la maison, dite l'Abbaye ; cette armée d'émigrés, dans laquelle se trouvaient beaucoup de Prussiens, séjourna douze jours à Suippes ; la bataille de Valmy, gagnée le 20 septembre, les fit battre en retraite le 1er octobre.

Dans le numéro 14 du journal des séances de la

Société populaire de Châlons-sur-Marne, on voit dans le procès-verbal de la séance du 9 messidor an II de la République, que la Société populaire de Suippes vient de se régénérer, et qu'elle demande à être affiliée à celle de Châlons. Un membre fait observer que, malgré les nombreuses éliminations qu'a produites son épurement, le patriotisme de tous ceux qu'elle a conservés n'est pas encore bien prononcé, et demande l'ajournement jusqu'à ce que cette Société ait fait connaître son règlement et les noms des membres qui la composent.

Cette proposition fut adoptée.

En 1811, le flux de sang sévit à Suippes. Ce fut une véritable épidémie, qui enleva 60 personnes en très-peu de temps.

Le 9 août 1809, une pluie de grêle ravagea le territoire de Suippes; une grande partie des récoltes furent perdues. On ramassa des grêlons qui pesaient jusqu'à 40 grammes.

On se souvient qu'en 1814 il a dégelé sans pluie, et que les mars furent semés dans la poussière.

28 janvier 1814. — Arrivée à Suippes de l'armée du duc de Tarente, forte de 6 à 7,000 hommes de cavalerie; on logeait 12 hommes par ménage; cette colonne partit le lendemain.

15 février 1814. — Blücher, qui se trouvait à Châlons, envoie un détachement en reconnaissance à Suippes.

1er et 2 juillet 1815. — Passage à Suippes de deux colonnes russes, qui campent, l'une au lieudit Boudet, et l'autre entre les ponts Saint-Jacques et Saint-Antoine.

En 1817, on constate que le setier de froment vaut 100 francs, le pain 50 centimes la livre et le vin 1 franc la bouteille.

1822. — Cas remarquable de fécondité. Mme Ramonet-Cuperly, demeurant à Suippes, met au monde quatre enfants, dont trois reçoivent le baptême; ils sont morts successivement dans les 24 heures.

L'hiver de 1829 à 1830 fut rigoureux; le thermomètre descendit, à Suippes, à 20 degrés 6/10 au-dessous de zéro.

Lundi saint, 1834, incendie de la Foulerie Saint-Remi, écart de Suippes.

Le 30 septembre de la même année, la tannerie de M. Lardenois-Boullaire, située sur la rivière, est entièrement détruite par un incendie.

1848. — Les événements de 1848 causèrent peu d'émoi à Suippes. On ouvrit un club où l'on discuta les candidatures. Un arbre de liberté fut planté sur la place et béni par le clergé. C'est cette année-là que fut fondée la Société de secours mutuels. M. Baptiste Counhaye en fut le premier nommé président.

Depuis cette époque, la création du camp de Châlons est le fait le plus considérable arrivé dans nos contrées.

Liste des Maires, procureurs, syndics et échevins depuis 1289 *jusqu'à la Révolution.*

1289. Guillaume. Maire de Bouy et de Suippes.
1325. Ermengard
1554. Jean Remy. En cette année les habitants de Somme-Suippe ayant empêché les fonctions de leur Maire, Jean Remy en remplit la charge.
1649. Nicolas Lartilleux, échevin.
1697. Nicolas Sasse, échevin.
1699. Jean Robert, échevin.
1701. Lambert Sasse, syndic.
« Jean Patin, maire. Il l'était encore en 1734.
« François Oudin, lieutenant des habitants.
1702. Nicolas Senart, échevin.
1706. Henri Masson, échevin.
1707. Jean Patin, maire.

1730. Claude Horques, échevin.
1731. Jean-François Marguet, échevin.
1732. Barthélemy Oudin, échevin.
1733. Etienne Garlois, syndic.
1734. Jean Patris, maire.
1740. Henri Masson, échevin.
1741. Etienne Aubert, échevin.
« Jacques Aubert, échevin.
1743. J.B. Marguet, lieutenant des habitants.
1769. Claude Masson, syndic.
« Jullion, échevin.
1779. Pingot, échevin.

Maires depuis 1792

Jean-François Aubert.
Jean-Baptiste Thiéry.
Jean-Baptiste Aubert.
Marguet.
Petit-Jullion.
Banluire.
Jullion-Senart dit Jacques.
Hilaire Varennes.
Senart-Dupuis.

MORAND.
CRUSSAIRE.
VARENNES-THIERRY, maire actuel.

Liste des curés et vicaires de Suippes, depuis 1040 *jusqu'à* 1785.

1040. VARIN, archidiacre de Suippes et Somme-Suippe.
1649. André COLIN.
1682. BASSERELLE (Henry.)
1683. OUDART-DRUSSON. Il était encore curé en 1701.
1716. GÉRARD-DESTREBAY.
1729. G. VARIN, vicaire.
1730. Martin PÉRARD.
1732. Jean MORIN, vicaire.
1733. Henri LUPU, vicaire.
1734. LUGET, vicaire.
1736. Jean MAUCOMBLE.
1737. MONNEUSE, ancien curé de Jonchery.
1739. Claude de HAYE, diacre.
1759. COLLATZ.
« COUTIN, vicaire.
1769. Pierre BOUCHER, par intérim.
1784. DIEU, vicaire.

Depuis 1785 *jusqu'aujourd'hui.*

CREDÊNE.

RENDLIX (Louis-Maxime).

PETIT, émigré à la Révolution.

COLLOT, curé assermenté.

DUPUIS.

PETIT, rentré de l'émigration depuis le concordat.

DOUCET, nommé par le roi Louis-Philippe.

ROUSSEL, nommé par l'évêque.

(Ces deux curés furent quelque temps en concurrence et c'est ce qui donna lieu à la chanson que nous donnons plus loin sous le titre de *Pleurs des dévotes* (complaintes).

C'est M. OURIETTE, le curé actuel, qui a remplacé M. ROUSSEL, actuellement curé de Hans.

Recteur d'école, depuis 1680 *jusqu'à la Révolution.*

1680. GUY-DAMOURETTE.

1695. Nicolas VALMY, chantre.

1740. Martin VALMY, fils de Nicolas, exerça 47 ans et fut inhumé dans l'église.

Claude LORIQUET. Il est l'ancêtre du célèbre père

Loriquet, jésuite, auquel on doit beaucoup d'ouvrages d'éducation. Ce Claude Loriquet avait épousé Elisabeth Boullaire ; on leur baptisa un fils du nom de Claude-Charles le 17 août 1736. Le parrain a été Jacques Loriquet, fils. M. Charles Loriquet, bibliothécaire et archiviste de la ville de Reims, si connu par ses ouvrages d'érudition et d'histoire, est issu de cette famille.

Liste des juges, sergents royaux, ou huissiers, greffiers et crieurs jurés depuis 1683 *jusqu'à la Révolution.*

1683. Coulon (Jean).
1692. Louis Dauphinot.
« Isaac Lartilleux.
1693. Jean Oudin, greffier.
1695. Claude Masson, commissaire et capitaine d'arquebuse.
« Christophe Richaud, sergent royal.
1696. Jacques Janson id.
1697. Gérard Masson, commissaire de la maréchaussée de Reims, détaché à Suippes.
« Sébastien Oudin, greffier et juge des conseils à Châlons.
« Jean Jaunet, sergent royal et crieur juré.

« François Oudin, lieutenant de la justice de Suippes.
1699. Jean Tronson, procureur syndic.
« Jean Aubert, administrateur de la justice pour l'abbaye d'Avenay, mort cette année, âgé de 85 ans.
1702. Jean Major, crieur juré.
1705. Etienne Masson, sergent royal.
1706. Jean Pierre, crieur juré.
1709. Nicolas Aubert, sergent royal, mort cette année à 80 ans, inhumé dans l'église.
1729. Claude Aubert, sergent royal.
« Jean Janson, sergent royal.
1732. Michel Dauphin, archer.
« Denis Aubert, sergent royal.
1733. Jean Nolet, sergent royal.
1734. Janson, huissier royal.
1735. Sébastien Oudin, procureur fiscal.
1737. J.-B. Favreau, procureur fiscal. Son frère était chanoine à Reims.
« Sulpice Godart, huissier royal.
1739. Sébastien Collard, greffier.
1740. Barthélemy Oudin, huissier et lieutenant de la justice de Suippes.

Notaires de 1707, *à* 1737.

1707. Jean Patin.
1708. Jean Horgues.
1730- Claude Horgues.
1733. Gérard-Jova.
1735. G. Jonas, notaire et chevalier de l'arquebuse.
1737. J.-B. Fourreau.

Listes des médecins, chirurgiens et sages-femmes, de 1692 *à* 1769

1692. Jean Hanrot.
« Jean De Haye.
1695. Nicolas Hanrot.
1696. Gérard Jonas.
« Marie Génic, sage-femme.
1701. Claude Henrot.
1706. André Gaillard, qui exerçait encore en 1729.
1769. Thomas; son épouse était sage-femme.

BIOGRAPHIE

Petit, curé doyen de Suippes à la Révolution, expulsé pour ne pas avoir voulu prêter le serment, fut remplacé par M. Colot, prêtre assermenté, il fut rappelé à son poste après l'orage révolutionnaire. Homme religieux et éclairé, de mœurs douces et pures, désintéressé, vivant avec la plus grande sobriété ; charitable sans ostentation savant sans vanité ; zélé sans aigreur, toujours occupé de son ministère, tel est le portrait que M. Hubert en a tracé dans sa *statistique du canton de Suippes.* C'est en partie à M. le curé Petit que l'on doit la propagation de la musique dans la commune. On ne peut jamais trop donner d'éloges à de pareils hommes, qui s'occupent ainsi, pendant leur vie, à répandre les lumières parmi leurs paroissiens. Il est mort à Suippes en 1822.

* * *

Hubert (Claude), chirurgien à Somme-Suippe pendant quarante années, est un des médecins qui ont le plus propagé la vaccine dans le département de la Marne. Il reçut à ce titre plusieurs récompenses du ministre de l'intérieur, ainsi que plusieurs médailles de la Société d'agriculture de la Marne. Comme écrivain, il est le premier qui se soit livré avec succès aux investigations historiques au point de vue local ; ses *Statistiques des cantons de Suippes*, *de Sainte-Ménehould*, *de Dommartin-sur-Yèvre*, indiquent un savant et un chercheur ; il fut le premier guide de M. Chalette pour la *Statistique du département de la Marne.*

Les fouilles qu'il a pratiquées avec succès sur plusieurs points du territoire de Suippes et des environs, ainsi que des rapports qu'il en fit à diverses Sociétés savantes, le placent comme le premier initiateur de l'archéologie souterraine, qui plus tard a été pratiquée avec tant de succès dans une foule de communes du département de la Marne.

* *
*

BOURGEOIS-THIERRY (Claude-Gervais), propriétaire du château de Nantivet, conseiller général pour le canton de Suippes, pendant près de trente ans, commandant de la garde nationale, etc.

M. BOURGEOIS était connu depuis 1825 comme un collectionneur de médailles et d'objets antiques. Sa collection était connue de tous les amateurs de France et de l'étranger, et les revues archéologiques ont souvent entretenu le monde savant des raretés et des objets précieux que contenait le cabinet de M. Bourgeois. Cet amateur avait continué ses recherches archéologiques après la mort de M. HUBERT, et le rapport qu'il présenta au Congrès archéologiques, tenu à Châlons en 1855, sur les fouilles faites à Laval (Marne) est très-curieux. (Voyez *Congrès archéologique de France*, de 1855, page 56).

La collection de M. Bourgeois fut vendue en 1855 et produisit 22,500 ; elle serait vendue le double aujourd'hui. A part les médailles et les objets antiques de l'époque Gallo-Romaine, il y avait des spécimens fort curieux et fort rares dans tous les genres. Nous en donnons quelques-uns, d'après le *Journal de la Marne* :

Un bas-relief en ivoire sculpté, attribué à Bauchardon, a été vendu 950 francs.

Trois assiettes, peintes en grisaille, émaux de Limoges, 950 francs.

Trois autres émaux de P. Raymond, la *Coupe de bois*, la *Tonte des moutons* et la *Moisson*, vendus ensemble 680 fr.

Un cercueil de momie égyptienne, 420 fr.

Un petit vase en cristal de roche, 215 fr.

Trois tableaux de Ch. Node, de Montpellier, le premier, *des fleurs dans une corbeille*, 830 fr ; le deuxième, *des fleurs dans un paysage*, 530 fr ; le troisième, *des fleurs et des fruits sur un marbre*, 445 fr.

Enfin, un bronze antique représentant *Diane chasseresse*, a été vendu 370 fr.

Après avoir été l'un des bienfaiteurs du canton de Suippes pendant de longues années, M. Bourgeois donna sa démission de conseiller général, et, au mois de juillet 1852, il engageait les électeurs de son canton à reporter leurs voix sur M. Charles Bourgeois son fils. « Durant 23 ans, dit-il dans sa lettre, vous m'avez honoré de vos suffrages, permettez-moi de vous en témoigner ma reconnaissance, j'ai la conviction d'avoir rempli honorablement le mandat que vous m'avez confié. »

M. Bourgeois est mort en 1855.

*
* *

Bureau (Allyre), (1) né à Suippes vers 1810, entra à l'école polytechnique en 1829, fut classé dans

(1) M. Bureau qui s'intitule dans ses écrits, Allyre Bureau de Suippes. Nous n'avons pu retrouver son acte de naissance dans les registres de Suippes.

l'artillerie de l'armée de terre et donna sa démission de lieutenant pour s'occuper de travaux littéraires. Partisan des réformes sociales de Charles Fourrier, et de son phalanstère, il collabora activement à la *Phalange* et à la *Démocratie Pacifique* qui lui succéda en 1849. Il se présenta dans le département du Cher comme candidat à la députation en remplacement de M. Vauthier, mais ne fut pas élu.

M. Bureau soutint en 1848 une polémique dans le *Journal de la Marne* à propos de questions adressées par un auteur anonyme. A cette époque il posait sa candidature dans le département de la Marne; sa profession de foi que nous avons sous les yeux rentre à peu près dans le programme des membres de l'extrême gauche d'aujourd'hui. Un des premiers il demanda le service militaire obligatoire pour tous, et sa brochure *Plus de conscription* a eu au moins cinq éditions. Son étude sur *les droits réunis* et sur *la suppression des octrois* a eu moins de succès.

Retiré de la politique après le coup d'Etat, il publia plusieurs compositions musicales et quelques romans qu'il traduisit de l'anglais, entre autres : les *Chasseurs de Chevelures*, *Les corps de Riflemen* (1854) et le *Bufalo blanc* (1856) du capitaine Mayne Reïd.

Noms qui méritent d'être conservés dans la mémoire des habitants de Suippes.

DESBAN, chef de bataillon, mort au Ban-Saint-Martin, près de Metz.

JAUNET (Isidore), mort chef de bataillon.

BUREAU (Antoine), capitaine au 3e hussards.

BUREAU, mort sous-intendant militaire.

DAUPHINOT (Victor), capitaine mort à Marseille.

JULION-SENART, capitaine.

APPERT (J.-B.), dit Jojot, brigadier au troisième de hussards, charge avec impétuosité sur des cuirassiers autrichiens à la bataille de Hohenlinden, Chevalier de la légion d'honneur, mort à Suippes en 1842.

LACLEF, lieutenant, mort à Suippes.

SENART (Pierre), sous-lieutenant de gendarmerie.

GROSJEAN, dragon au 14e régiment, chevalier de la légion d'honneur.

Nous voudrions voir tous ces noms et ceux des contemporains, Ovide AUBERT, colonel, et LAVIARDE, ancien commandant de cuirassiers, gravés sur une table en marbre, et placés dans l'école communale des garçons, afin de leur rappeler que c'est par le travail et par leur seul mérite que tous ces enfants de Suippes ont bien mérité de la patrie et de leurs concitoyens.

NOELS, CHANSONS ET PATOIS PARTICULIERS A SUIPPES ET AUX ENVIRONS.

Jusqu'ici les auteurs des diverses monographies que nous avons sur quelques communes du département de la Marne, ont oublié de nous parler du patois et des chansons de la commune dont ils devenaient les historiens. Nous avons cru déroger à cette coutume; car, suivant nous, ce que l'on sait le moins, ce sont les patois et les chansons ou Noëls particuliers à chaque pays. M. TARBÉ en a bien publié quelques morceaux dans son *Romancéro de Champagne* ; mais il est loin d'être complet, sa tâche eut été bien simplifiée si les auteurs qui ont publié des ouvrages historiques au point de vue local, n'avaient pas négligé ce sujet important sous le rapport littéraire et provincial.

NOEL DE REIMS

Publié par Jeunehomme, imprimeur à Reims, vers 1780. Il se chantait dans tout le diocèse dont Suippes faisait partie.

Noël, sur le chant, *Nous nous mîmes à jouer, il nous vient mal-à-point.*

O Bourgeois de Reims,
Ne soyez en souci,
Menez joie et festins
Cette journée ici,
Que naquit Jésus-Christ
De la Vierge-Marie,
Près le Bœuf et l'Asnon, don, don,
Entre lesquels coucha, là, là,
En une bergerie.

Les Anges ont chanté une belle chanson
Aux Pasteurs et Bergers de cette région,
Qui gardoient les Moutons
Paissant sur la prairie,
Disant que le Mignon, don, don,
Etoit né près de là, la, la,
Jésus le fruit de la vie.

Laissèrent leurs troupeaux
Paissant parmi les champs,
Prirent leurs chalumeaux,
Et joyeux instrumens ;

Vinrent, dansants, chantants,
Droit à la grande Eglise,
Pour visiter le Saint Enfant,
Lui donnant des joyaux si beaux,
Que Jésus loue et prise.

Puis ceux de Bétheni,
Comme en procession,
Le bissac bien garni,
Vont trouver l'Enfançon ;
Ayant ouï le son,
Et la douce harmonie
Que faisoient ces pasteurs joyeux,
Lesquels n'étoient pas las, la, la,
De mener bonne vie.

Les filles de Cernay
Ne furent pas endormies,
Avecque beurre et lait,
Toutes au champ se sont mises,
Et celles de Taissy,
Ont passé la Chaussée,
Après avoir ouï le bruit,
Et le débat, la, la, la, la,
De celles de Sillery.

Et celles de Cormontreux
Ayant ouï le son,
De Champigny, Tinqueux,
De Saint-Brice et Nausson,
Apportèrent gros Poissons,

Anguilles et Rosselettes,
Et celles de Saint-Liénard, gaillard,
Apporteront à grand pas, la, la,
Un sac plein de Perchettes.

Celles de Beine et Nogent
Firent fort bien leur devoir,
De faire un beau présent
Au Roi qu'elles venoient voir :
Celles de Béru pour voir,
Voulant à leurs affaires,
Se mettent en chemin matin,
Pour prouver le soulas, la, la,
Du monde, aussi sa Mère.

Prions la vierge Marie,
Aussi Jésus son fils,
Qu'ils ayent de nous mémoire
Dedans le Paradis ;
Après qu'auront vécu,
En ce mortel repaitre,
Et nous veuille garder d'aller
Tous en Enfer là-bas, la, la,
En tourmens et misère.

PIÈCE CURIEUSE

Imprimée pour la première fois à Sainte-Ménehould, en 1695, chez Gabriel Deliège, le premier imprimeur connu à Sainte-Ménehould, *Noël* très-connu et fort chanté à Suippes au XVIIIe siècle et au commencement de celui-ci.

NOEL

POUR LE DOYENNÉ DE SAINTE-MÉNEHOULD.

Sur l'air : *Laissez Paître vos bêtes.*

Imitons les trois mages :
Chrétiens, traversons nos coteaux,
Quittons tous nos villages,
Et laissons nos hameaux.

Vers Saint' Ménou hâtons nos pas,
Courons en foule au Jauvinas ;
Prenons avec nous Nicolas :
Il sait toutes les routes,
Et nous conduira sans travaux,
Quand on n'y verrait gouttes,
Au son des chalumeaux.

C'est là qu'on dit que le Sauveur,
Que l'on nous promit par faveur
Pour terminer notre malheur,
Est né dans une étable.

Il importe de le savoir ;
Peut-être est-ce une fable :
Courons, allons y voir.

Les anges qui l'ont annoncé
En parcourant le Doyenné,
Pas un village n'ont oublié :
Les bergers de nos plaines
Plus d'un concert ont entendu,
Et droit à Chaud'fontaines
Courent tout éperdus.

Quand Bignipont vit la clarté,
Incontinent apprêté,
Tout le premier est arrivé :
Sur d'la paille sans toies
Trouvant ce prodige nouveau,
Des plumes de ses oies
Garnit tout son berceau.

Saint'Ménehould devient Ephrem,
N'imite pas Jérusalem,
Soudain court à ce Bethléem,
Et les peuples convie
Par son exemple et ses présens ;
Malgré son incendie,
Offre or, myrrhe et encens.

Les nones de Saint-Augustin
Entre elles députent un capucin,
Barbe touffue, visage plein,
Pour présenter des langes

Et bijoux de dévotion
A ce grand Roi des Anges,
Par vénération

Les éveillés du Pavillon,
Oyant sonner le carillon,
Se chargent de sucre et brillon ;
Pour avoir audience,
A saint Joseph font compliment,
Qui droit à eux s'avance,
Les présente à l'Enfant.

De peur d'y arriver trop tard,
D'autres hameaux par là épars,
A l'exemple de Beauregard,
Passent par l'Hermitage,
Courent grand train vers ce réduit,
Tous chargés de laitage
Et d'un très-rare fruit.

Les jolies filles de Florent,
Que l'on disoit depuis long-temps
Belles dehors, laides dedans,
Sont dignes de louanges,
De leur sexe faisant l'honneur,
Ayant, selon les Anges,
L'estime du Sauveur.

Pour toi, perfide Grange-aux-Bois,
Qui, jurant, jadis protestois
Qu'aucun dieu ne reconnoissois,
Viens ici reconnoître,

Convaincue de cette clarté,
Un seul Souverain être
Et sa divinité.

Les Passavantins bien crottés,
Passant aux Frutiles sont volés,
Et par Verrières sont bien raillés.
Chose désagréable,
Aucun d'eux ne peut dire deux mots.
Paroissant dans l'étable,
On les prit pour des sots.

Les Villerois, peur d'accident,
Se joignent à Châtrice en passant,
Prennent avec eux un moine blanc,
Qui présenta l'offrande
Au nom de deux communautés :
Une tarte friande
Avec deux gros pâtés.

De Verrières les railleurs,
Fils de Nemrod fameux chasseur,
Battent les bois avec clameur.
Font des présens bien riches
Dont on charge plusieurs mulets,
Trois sangliers, deux biches,
Une ânée de poulets.

Varimont part de grand matin :
A sa vue ceux de Dommartin
Tuent leurs cochons, font du boudin,
Avec quelques grillades,

Qu'ils portent à ce divin Enfant,
Qui leur fait quelqu'œilades
Et signes en souriant.

Toutefois Dampierre-le-Château.
Qui n'entend n'à dia n'à hubau,
S'attribuant un droit nouveau.
Loin de faire ses hommages
Au Christ, à ce Roi tout puissant,
Attend ceux des villages
Au château de Mir'ant.

Rapsécourt n'est pas si menteur,
En ce jour fait voir son bon cœur,
Etale à nos yeux sa candeur
S'approchant considère
Cette éternelle vérité :
Dès-là devient sincère
Et suit la loyauté.

Les habitants de Voilemont,
Ayant tous les mules aux talons,
Restent derrière ceux de Herpont ;
Ceux d'Auve les devancent
Et terminent tous leurs projets ;
Ceux de Saint-Mard balancent,
Ils ne sont jamais prêts.

Les embourbés de Gizaucourt,
Et la Chapelle avec Felcourt,
S'en vont tout droit à Mafrécourt,
Le bissac sur l'épaule,

Rempli de poissons estimés,
En la main une gaule
Pour sauter les fossés.

Daucourt, Elize, Braux-Saint-Remy,
Puis Plagnicourt et Maujouy,
Tous ensemble avec Maupertuy,
Présentent vingt halottes,
Douze canards et cent vaneaux,
Un panier d'échalottes
Avec trois fins gâteaux.

Moncets, les Granges et Châtillon,
Voyant briller le mont Yvron,
Sont éblouis de ce rayon ;
Croyant voir un miracle,
Chacun est tombé morfondu :
En effet c'est l'oracle
Dès long temps attendu.

Dampierre, Argier font leur complot,
Passent la rivière en bachot
A Braux-Saint'-Cohière. Aussitôt
Dommartin-la-Planchette
Courut pour trouver compagnons :
Ça, qu'un chacun s'apprête
Vite, et nous dépêchons.

De Valmy les fendans bourgeois,
Généreux Gascons-Champenois,
Marchant tous sur le pied françois
Comme à des épousailles ;

Puis, après beaucoup de façons,
Présentent au bœuf des pailles,
A l'âne des chardons.

Ce qui réjouit plus l'Enfant,
Fut lorsque Marie doucement
Déploya pour lui le présent
De la maison des Planches ;
C'étoit un bonnet très-mignon,
De fines cottes blanches
Et des bas de coton.

Somme-Bionne et Hans, les plus dévots,
S'avançoient à pas d'escargots,
N'ayant aux pieds que des sabots,
Lorsqu'une pluie subite,
Tombant sur eux dans le chemin,
Les obligea bien vite
De gagner Dommartin.

Les habitans de Dommartin,
Croyant que c'étoit Gros-Westein, (1)
Courent à l'église, sonnent le tocsin,
Tiroient d'humeur constante
Sur eux, les croyant partisans,
Sans une voix perçante
Qui crie : J'étans de Hans.

Après un moment d'entretien,
Chacun reconnut son voisin,

(1) Ce qui indique que ce Noël fut composé après 1712.

D'accord se remettent en chemin,
Ayant de bons fromages,
Et des oiseaux bien éveillés,
Dans une belle cage,
Quoiqu'ils soient bien mouillés.

Les bons enfants de Courtémont
Réveillent les Macâts du Pont;
De là s'en vont droit à Moiremont.
Leur chemin ils poursuivent,
Et par la chaussée du Sougnas,
A la fin ils arrivent
Auprès du Jauvinas.

Arrivés au pied du berceau,
Ils présentent trois gros agneaux,
Les plus jolis de leurs troupeaux;
Marie, douce et divine,
Les reçoit au nom de l'Enfant,
Qui sitôt leur fait signe
Qu'il en est très-content.

Ceux de Moiremont entrent soudain
Ayant le chapeau à la main,
A leur tête un Bénédictin
Qui pour eux complimente
Fort poliment ce nouveau Roi,
Et chacun lui présente
Son hommage et sa foi.

Or ceux du Pont, bien fatigués,
La hotte au dos, chapeaux troussés,

A la main des bâtons ferrés,
Déchargent quelques bottes
D'échalas et de vieux sarment,
Qu'ils jettent dans la grotte
Pour réchauffer l'Enfant.

Les Chaud'fontainois désolés
D'avoir presque toujours passés
Pour des Quoate-ventes affamés,
Les premiers donnent exemple
D'une exacte frugalité :
Une offrande bien ample
A jeun ont présenté.

Triaucourt apprend à son tour
Qu'un Enfant-Dieu fait son séjour
Sur terre, et sa céleste Cour,
Arrive en diligence :
D'un air poli et gracieux,
Soulage l'indigence
De ce maître des cieux.

L'HISTOIRE DE L'ENFANT PRODIGUE

Traduite en patois de Suippes par M Hubert, médecin à Somme-Suippe, et publiée dans l'*Annuaire du département de la Marne pour* 1814.

Dan s'tan la Jesu y dit aux Pharisiens et aux Docteux d'la loi, stu parabole. Ain hom avouat deux garçons, l'pu jeune y dit à sou pere : Mou pere, dounèmes c'qui m'ourvien d'mou bien, et l'pere li y partagié sou bien. Ain pô après, y li ramassié tou squ'il avouat, et saña nalé dan ain peys bien lon, et pis y li mangié tou squ'il avouat a faisan l'liberti. Quan il y eu mangié tourtou, y venu n'grande famine dan stu peys là, et y si trouvé aveux rien du tou ; y sana nalé s'mette a servi ain hom du stu peys là, qui ly avoïé à sa ferme pou y gardé lé cochou. Là, il arouat bien voulu srassazié dé zecorse, et pis don reste dé cochou ; mais personne n'gni a dounouat. Et pis ili rvenu a lu même, et y si main à dire : combien qui gni d'domestiques dans la maison d'mou pere qu'on don pain tan qui lavlon ? et mi j'moure du faim toula ! Y fau qu'j'-marnali, et qu'j'ali trouvé mou pere, j'li dira : mou pere, j'a péchié conte ul ciel et conte vou, j'une merite mi d'ete appellé voute garçon, traiteme com yun des domestiques qui v'servont. Y li don parti, et sani arnalé rtrouvé sou pere. Il etouat aco bien lon quan sou pere li vu, sa li é fait peine d'ul voir. il y couru conte lu, et s'y chté à sou cau, et l'y rabrassié. Sou garçon l'i y di : Mou pere j'a péchié conte ul ciel, et conte vous, j'une merite mi d'ete appellé voute garçon. Quan sou père y vû sla, il y dit a ses domestiques : apporteme tousuite ul pu bio abi, et qu'on meti ; mettez l'y etou une bague au doigt et dé sollés aux pieds ; alleves-an cherchié l'vio gras, et qu'on l'tui, manjan, et faisan bonne chiere, car moi garçon qu'vla etouat mort, et il é r'sussité ; il etouat perdu. et il é rtrouvé.

Y sont main a faire bonne chiere. Ul pu vié garçon qu'etouat aux champs y rvenu padan stanla : quan il é été conte la maison, et qui l'a-tandu tou l'train, qu'on chantouat et qu'on dan-souat, il y appellé ain domestiqve, et l'i y d'mandé squ'cétaut on satandouat ? Ul domestique l'y é dit : c'est voute frere qu'é rvnu, et voute pere qui é fai tué l'vio gras, d'acause qu'il etouat rvnu, en bonne santé. Sla l'y fachié si fort qui n'ime voulu ratré. Sou pere y sorti, ul priouat qui ratri ; mais il y y répondu : y gny moulontan q'j've serve, et ju n'va jamais désobéi, et pourtant vou n'm'avez jamais rien donné, mi seulement ain agnio pou m'diverti aveux mes camarades ; mais voute garçon q'vla qui mangié tou c'qu'il avouat aveux des geuses, y n'ime été puto ratré qu'ouné fai tué l'vio gras pour lû ? Mou garçon, l'y é dit sou père, ecouteme, vavé toujours été aveu mi, tou s'qu'ja cé pour vous, mais il fallouat bien faire une fete et nous réjoui, par c'qu'voute frere etouat mort, et l'vla r'sussité ; il etouat perdu, et il é r'trouvé.

LE SUIPPA ET LE PARISIEN.

Air : *Le meilleur métier c'est d'être rentier.*

I

Le Suippa. — Bonjour mou cousei
V'la ty mau longtemp qu'vêtes à Souippes
Le Parisien. — J'y suis de jeudi
Par la voiture de maître Philippe.
Le Suippa. — J'chumes bien ébahi
Du v'voir, mou cousei.
Anntrez don, assièv sur la chaise
Et pouis qu'je jasièsse a nout'aise.
Vous bouirez bien in p'tit vere de vei
Annatanndant l'dîné à midei.

II

Le Parisien. — Avez-vous des enfans?
Etes-vous chargé en famille?
Le Suippa. — J'a n'avant cinq :
Deux garçons et trois fiyes;
Les garçons tessons
Et les filles filons.
Et mi j'toque et j'bats su la cloye
Et la mère fait des boudi à moye.
Toute la journée j'chantans des chansons :
Fanfan la Tulippe et la mère Gaudichon.

III

Le Parisien. — Comment se vend l'aune
De votre médiocre fabrique?
Est-ce à la grande aune
Ou à la petite métrique?
Le Suippa. — Gagniez niè mi mèche.
L'aune est comme une perche.
Le Parisien. — Ah! grand'Dieu! Comme ça cent l'huile.
Le Suippa. — C'est qu'cest d'la blousse poyase qu'j'file.
J'allons r'ploïer maniques et triqballes
Et pouis j'nous mettrans à faire don châle.

(*Par* LESPRIT-GROSSET, *métromane à Suippes*), 1825 *environ.*

FLEURS DES DÉVOTES (1)

Complainte.

AIR : *Notre Sainte Sion.*

I

O mon Dieu, quelle angoisse
Vient s'emparer de nous !
Notre pauvre paroisse
S'en va livrée aux loups.
Plus de cloche qui tinte
Plus de confession,
Sauvez, ô Vierge sainte,
Votre sainte Sion.

II

Marchait à notre tête
Un beau petit pasteur,
Qui n'était pas si bête
Que son prédécesseur ;
Et voilà qu'on l'arrache
A notre affection.
Sauvez, agneau sans tâche,
Votre sainte Sion.

(1) Cette chanson a été faite par M. C. L. ancien maître de pension à Suippes, vers 1836, à l'occasion d'une double nomination à la cure.

III

Qui viendra mettre un terme
A de pareils malheurs ?
L'autre, dit-on, tient ferme,
Grand Dieu, voyez nos pleurs.
On parle du salaire
Qu'on doit au polisson,
Sauvez, ô Dieu le père,
Votre sainte Sion.

IV

Qui nous rendra la messe.
Et ces jolis sermons ?
Où l'on baillait sans cesse,
Quand ils étaient trop longs ;
Plus rien ne nous en reste,
Pour consolation,
Sauvez, Esprit céleste,
Votre Sainte Sion.

Couplets qui ont été chantés à la réunion des instituteurs du canton de Suippes, qui a eu lieu à Bouy, le 21 juin 1849.

Air : *Adieu, Mayence jolie ville,* ou *Afin d'être docile et sage.*

Réunissons-nous, chers confrères,
Réunissons-nous pour le bien.
Des enfants ainsi que des pères,
Soyons à jamais le soutien.

Par notre ligne de conduite,
Concilions-nous le respect,
Comme toujours et dans la suite,
Des enfants prenons l'intérêt.

En leur cœur jetons la semence
De la vérité du Très-Haut ;
C'est là la sublime science
Qui ne fera jamais défaut.

Ranimons en nous le courage,
De soldats de l'instruction,
Et travaillons à l'avantage
De notre belle nation.

Soyons unis de corps et d'âme,
Comme le pampre est à l'ormeau.
Brûlons tous de la même flamme,
A la ville ainsi qu'au hameau.

Formons des vœux pour la patrie,
Le bonheur, la tranquillité,
Sachons dévouer notre vie
Pour le devoir et l'équité.

O Dieu ! plein de miséricordes
Sur la France veille toujours ;
A nos malheurs, à nos discordes,
Fais succéder les plus beaux jours.

A la fin de notre carrière,
En ton amour tout paternel
Guide, par ta vive lumière,
Notre âme au royaume éternel.

(Ces couplets ont été publiés dans le *Messager*, journal du département de la Marne du 6 juillet 1849).

LA CHANSON DU TISSEUR

I

Je tisse la flanelle
Aussi le boulivard ;
Ma navette fidèle
Me rend parfois bavard.
Vive la chansonnette,
Le bal et cœtera ;
Et roule, ma navette,
Le bon temps reviendra.

II

Et sans rouler carosse,
Trimant soir et matin,
Si nous faisons la noce
C'est à la Saint Martin (1).
Alors je fais l'emplète
D'un bel habit de drap ;
Et roulé, ma navette,
Le bon temps reviendra.

III

On dit je vous assure,
Mais ne le croyez pas,
Qu'on soupçonnait d'usure

(1) Fête patronale du pays.

Nos ayeux les Suippas.
Moi je veux bien qu'on prête
Au taux que l'on voudra ;
Et roule, ma navette,
Le bon temps reviendra.

IV

On nous dit la fabrique
Nuisible à la vertu,
Et même on nous indique
Plus d'un mari *connu*.
Qu'importe si Jeannette
Déchire son contrat ;
Et roule, ma navette,
Le bon temps reviendra.

V

Tous ces cancans étranges
Sont faits par des jaloux,
Nos femmes sont des anges,
Si j'en crois les époux.
J'ai fait la chansonnette,
La chante qui voudra.
Et roule, ma navette,
Le bon temps reviendra.

F. P... *T. De Souippe.*

FIN DES RECHERCHES HISTORIQUES

TABLE.

TABLE.

NOTE DE L'ÉDITEUR

Nous informons le lecteur que cet ouvrage est un fac-similé de l'édition originale. Il s'insère dans la célèbre collection Monographies des villes et villages de France qui a pour but l'exhumation de notre patrimoine historique local.

Malgré tous les moyens techniques mis en oeuvre pour une bonne reproduction de ces documents anciens (scannerisation, numérisation, gouachage des rousseurs, reconstitution des caractères effacés...) nous n'obtenons pas toujours des résultats totalement satisfaisants. Aussi, le temps faisant son oeuvre, nos ouvrages sont de qualité parfaite quand les originaux sont bons et de qualité médiocre quand les originaux sont mauvais.

Une reprise en fac-similé est une garantie pour le lecteur d'avoir entre les mains la reproduction exacte d'un texte ancien, rare, voire introuvable. Une nouvelle composition de ce texte aurait pour conséquence un prix de vente prohibitif (compte tenu du tirage limité) allant à l'encontre de l'objectif de notre collection.

Res Universis.

Monographies des villes et villages de France
sous la direction de M.-G. Micberth

Titres déjà parus

AIN

245	CHATILLON-SUR-CHALARONNE (Hist. de)	Louis Perret
453	COLIGNY et ses environs	Auguste Cornet
279	MONTLUEL (Histoire de)	l'abbé Carron
321	OYONNAX (Histoire d')	E. Dubois
469	REYSSOUZE (La Vallée de la)	A. Vayssière
648	VIRIEU-LE-GRAND (Hist. de) (épuisé)	Albert Callet

AISNE

728	AISNE (Le Département de l') Vol. I	J.-B.-L. Brayer
729	AISNE (Le Département de l') Vol. II	J.-B.-L. Brayer
83	BRAINE (Histoire de)	Stanislas Prioux
228	CHARLY-SUR-MARNE (Histoire de)	le Dr A. Corlieu
91	COINCY (Histoire de)	A. de Vertus
90	FERE-EN-TARDENOIS et ses environs	A. de Vertus
367	GUISE et ses environs Vol. I	Auguste Matton
369	GUISE et ses environs Vol. II	Auguste Matton
112	HIRSON et ses environs	A. Desmasures
104	LA FERE (Histoire de)	(anonyme)
106	LE NOUVION-EN-THIERACHE et ses environs	L.-H. Catrin
682	MARLE (Histoire de)	E. Coët et Ch. Lefèvre

105	MONTCORNET et ses environs	I.-P. Mien
89	OULCHY-LE-CHATEAU et ses environs	A. de Vertus
95	RIBEMONT (Histoire de)	Charles Gomart
96	RIBEMONT (Les Environs de)	Charles Gomart
107	ROZOY-SUR-SERRE et ses environs	I.-P. Mien
26	SAINT-QUENTIN (Hist. populaire de)	L. Jamart
80	VERVINS (Histoire de)	Amédée Piette
84	VIC-SUR-AISNE (Histoire de)	l'abbé Poquet
88	VILLERS-COTTERETS et ses environs	A. Michaux

ALLIER

312	CHANTELLE (Histoire de)	C. Grégoire
560	COMMENTRY et ses environs	Edouard Garmy
192	EBREUIL (Histoire d')	l'abbé Boudant
564	GANNAT (Histoire de)	J.-B. Peigue
563	HURIEL et ses environs	G. Bourgougnon
566	LAPALISSE et ses environs	A. de la Faige & R. de la Boutresse
191	LURCY-LEVY (Histoire de)	Régis Fourneris
181	NERIS (Histoire de)	L. Forichon
562	SAINT-YORRE (Histoire de)	l'abbé M. Peynot
242	SOUVIGNY ET SEPT-FONS (Hist. de)	A. Limagne

HAUTES-ALPES

623	GUILLESTRE et ses environs	l'abbé Paul Guillaume
765	HAUTES-ALPES (Le Département des)	Joseph Roman
531	VEYNES et ses environs	l'abbé Félix Allemand

ALPES-MARITIMES

494	ANTIBES (Histoire d')	MM. A. Aubert, Père et fils
281	VENCE (Histoire de)	l'abbé E. Tisserand

ARDECHE

395	AUBENAS (Histoire d')	J. Volane
534	BOURG-SAINT-ANDEOL (Hist. de)	H. Courteault
533	LARGENTIERE (Histoire de)	A. Mazon
396	VILLENEUVE-DE-BERG (Hist. de)	l'abbé Mollier

ARDENNES

744	ARDENNES (Le Département des)	Jean Hubert
164	CHATEAU-PORCIEN (Hist. de)	M. Lépine
162	DONCHERY (Histoire de)	l'abbé Lagneau
138	FUMAY et ses environs	Dom Albert Noël
127	GIVET et ses environs	Dom Albert Noël
170	GRANDPRE (Histoire de)	M. Miroy
153	MARGUT (Histoire de)	l'abbé Hamon
131	MAUBERT-FONTAINE (Hist. de)	L. Péchenart
165	MEZIERES et ses environs	Dom Albert Noël
147	MONTHERME et ses environs	Dom Albert Noël
172	MOUZON (Histoire de)	M.-N. Goffart
173	ROCROI et ses environs	J.-B. Lépine
97	SIGNY-LE-PETIT et ses environs	Dom Albert Noël

ARIEGE

519	AX-LES-THERMES et ses environs (épuisé)	H. Marcailhou-d'Aymeric
480	FOIX (Le Château de)	F. Pasquier & R. Roger
483	MIREPOIX (Histoire de)	F. Descuns
512	PAMIERS (Histoire de)	Jacques Ourgaud

AUBE

178	AIX-EN-OTHE et ses environs	M. Monchaussé
291	ARCIS-SUR-AUBE (Histoire d')	Camut-Chardon
793	AUBE (Le Département de l')	H. d'Arbois de Jubainville
149	BRIENNE (Histoire de)	M. Bourgeois
238	ERVY-LE-CHATEL (Histoire de)	Mgr P.-F. Ecalle
753	MAILLY-LE-CAMP et ses environs	MM. Robert & Thévenot
185	NOGENT-SUR-SEINE (Histoire de)	A. Aufauvre
304	RICEYS (Histoire des)	L. Coutant

AUDE

576	CARCASSONNE (Histoire de) Vol. I	Cros-Mayrevieille
577	CARCASSONNE (Histoire de) Vol. II	Cros-Mayrevieille
550	LIMOUX (Histoire de)	L.-H. Fonds-Lamothe

AVEYRON

545	RODEZ (Histoire de)	Pierre Benoit
614	SAINT-GENIEZ-D'OLT (Histoire de)	l'abbé Bousquet
539	VILLEFRANCHE-DE-ROUERGUE (Hist. de)	M. Milhet

CALVADOS

243	ARGENCES et ses environs	G. Lesage
139	AUNAY-SUR-ODON (Histoire d')	G. Le Hardy
140	BALLEROY (Histoire de)	l'abbé Aubert
683	BESSIN (Histoire du) Vol. I	Ed. de Laheudrie
684	BESSIN (Histoire du) Vol. II	Ed. de Laheudrie
52	CABOURG et ses environs	J. Sévrette
63	CONDE-SUR-NOIREAU (Histoire de)	l'abbé L. Huet
341	CREULLY et ses environs	M. Pezet
60	EVRECY (Histoire d')	L. de Panthou
120	HONFLEUR (Histoire d')	P.-P.-U. Thomas
68	LIVAROT, ORBEC et leurs environs	A. Guilmeth
72	SAINT-PIERRE-SUR-DIVES (Hist. de)	A. Bisson
427	SAINT-SEVER-CALVADOS (Hist. de)	Léon Lelièvre
87	THURY-HARCOURT (Histoire de)	M. Bascher
101	TILLY-SUR-SEULLES et ses environs	P. de Longuemare
342	TREVIERES (Histoire de)	Ed. de Laheudrie
331	TROARN (Histoire de)	l'abbé Longuet
472	VIRE (Histoire de)	M. Dubourg d' Isigny

CANTAL

497	AURILLAC (Histoire d')	Crémont-Brieu
517	CHAUDES-AIGUES (les Eaux de)	A. Chevalier
649	LA ROQUEBROU et ses environs	I. Calle
651	MONTSALVY (Histoire de)	G. Muratet
516	MURAT (Histoire de)	J.-B. Delort
496	SAINT-FLOUR et ses environs	H. Boubounelle
645	VIC-SUR-CERE et ses environs	M. de Miramon-Fargues

CHARENTE

731	CHARENTE (Le Département de la)	François Marvaud
391	CONFOLENS et ses environs	L. Babaud-Lacroze
628	LA ROCHEFOUCAULD (Histoire de)	Léandre Poitou

CHARENTE-MARITIME

598	AULNAY et ses environs	H. Michel & E. Bonsergent
786	CHARENTE-MARITIME (Le Dép. de la) Vol. I	M.-A. Gautier
787	CHARENTE-MARITIME (Le Dép. de la) Vol. II	M.-A. Gautier
394	DOMPIERRE-SUR-MER et ses environs	MM. Choisnard et tauzin
410	ECHILLAIS (Histoire de)	G. Barbotin
405	GEMOZAC et ses environs	P. Jônain
373	LUSSAC-EN-SAINTONGE (Histoire de)	(anonyme)
372	MARENNES et ses environs	A. Bourricaud
639	MONTGUYON et ses environs	L. David
393	ST-JEAN-D'ANGELY (Histoire de)	L.-C. Saudau

CHER

747	LURY et ses environs	Emile Tausserat
730	ST-AMAND-MONTROND (Histoire de)	C.-N. Victor Mallard
751	ST-FLORENT-SUR-CHER et ses environs	L. Cartier de St-René
759	SANCERGUES et ses environs	M. Buhot de Kersers
400	VIERZON (Histoire de)	M. Lemaître

CORREZE

295	DONZENAC (Histoire de)	A. Ulry
213	LAGUENNE (Histoire de)	Victor Forot
297	LARCHE et ses environs	Raoul Laffon
298	LA XAINTRIE (Histoire de)	M. Saint-Bonnet
595	UZERCHE et ses environs	M. Combet

COTE-D'OR

315	AUXONNE (Histoire de)	Camille Latruffe
795	COTE-D'OR (Le Département de la)	Emile T.
356	MEURSAULT et ses environs	Armand Veau
425	SEMUR-EN-AUXOIS (Histoire de)	A. de Vaulabelle
433	ST-APOLLINAIRE (Histoire de)	F. Lacoste
366	VITTEAUX et ses environs	MM. Hutinel & Mathey

COTES-D'ARMOR

305	CORLAY (Le Château de)	A. de Barthélémy
624	COTES-DU-NORD - (Arr. de St-Brieuc) Vol. I	Jollivet
625	COTES-DU-NORD - (Arr. de Dinan) Vol. II	Jollivet
626	COTES-DU-NORD - (Arr. de Guingamp) Vol. III	Jollivet
627	COTES-DU-NORD - (Arr. de Lannion et Loudéac) Vol. IV	Jollivet
352	LAMBALLE (Histoire de) Vol. I	l'abbé C. Dutemple
359	LAMBALLE (Histoire de) Vol. II	l'abbé C. Dutemple
404	PLOUFRAGAN (Histoire de)	J.-B. Illio
416	PORDIC (Histoire de)	Emile Guéret

CREUSE

323	AUBUSSON (Histoire d')	Cyprien Pérathon
554	AUZANCES, CROCQ et leurs environs	A. Tardieu et A. Boyer

DORDOGNE

528	BELVES (Histoire de)	A. Vigie
518	DOMME (Histoire de)	J.-B. Lan
527	ST-PARDOUX-LA-RIVIERE (Hist. de)	Roger Drouault

DOUBS

383	BAUME-LES-DAMES (Histoire de)	Louis Besson
465	MORTEAU (Histoire de)	Charles Willemin
655	ORNANS (Histoire d')	J. Meynier
344	PONT-DE-ROIDE, ST-HIPPOLYTE et leurs environs	l'abbé Richard
381	PONTARLIER (Histoire de)	J.-I.-J. Bougron
345	ROUGEMONT (Histoire de)	Charles Thuriet

DROME

599	BUIS-LES-BARONNIES et ses environs	l'abbé A. Vincent
270	DIE, CREST et leurs environs	A. Lacroix
278	GRIGNAN (Histoire de)	l'abbé Fillet
244	LORIOL, ST-JEAN-EN-ROYANS et leurs environs	A. Lacroix
274	NYONS (Histoire de)	l'abbé A. Vincent
269	PIERRELATTE ET DONZERE (Hist. de)	l'abbé A. Vincent
271	SAINT-DONAT (Histoire de)	Léon Gontier

EURE

239	BEAUMESNIL (Histoire de)	H. Quevilly
163	BEAUMONT-LE-ROGER (Hist. de) (épuisé)	H. Saint-Denis
126	BERNAY (Histoire de)	A. Goujon
128	BEUZEVILLE et ses environs	A. Canel
159	BOURG-ACHARD (Histoire de)	Paul Duchemin
100	BRETEUIL-SUR-ITON (Histoire de)	A.-J. Devoisins
103	BRIONNE (Histoire de)	F. Desbuards
124	CONCHES-EN-OUCHE (Histoire de)	le Dr Semelaigne
125	DAMVILLE (Histoire de)	Ange Petit
779	EURE (Le Département de l') Vol. I	MM. Charpillon & Caresme
780	EURE (Le Département de l') Vol. II	MM. Charpillon & Caresme
547	GISORS et ses environs	Charpillon
99	PONT-AUDEMER (Histoire de)	A. Guilmeth
130	THIBERVILLE et ses environs	L.-A. Fournier
346	TILLIERES-SUR-AVRE (Histoire de)	A. Mouton
537	VERNON et ses environs	Théodore Michel

EURE-ET-LOIR

116	ANET (Histoire d')	Ed. Lefèvre
110	AUNEAU (Histoire d')	A. Lefebvre
232	BEAUMONT-LES-AUTELS (Le Château de)	M. de Souancé
111	BONNEVAL (Histoire de)	M. Rabouin
141	BREZOLLES et ses environs	Ed. Lefèvre
171	CHATEAUNEUF-EN-THYMERAIS et ses environs	Ed. Lefèvre
119	CLOYES-SUR-LE-LOIR (Histoire de)	l'abbé A. Peschot
231	COURTALAIN (Le Château de)	l'abbé Chapron
142	COURVILLE (Histoire de)	Armand Pelé
176	DREUX (Les Environs de) Vol. I	Ed. Lefèvre
177	DREUX (Les Environs de) Vol. II	Ed. Lefèvre
121	JANVILLE et ses environs	Ed. Lefèvre
692	L'EURE-ET-LOIR PITTORESQUE Vol. I	Ed. Lefèvre
693	L'EURE-ET-LOIR PITTORESQUE Vol. II	Ed. Lefèvre

143	LA FERTE-VIDAME et ses environs	Ed. Lefèvre
206	MAINTENON (Le château de)	Ed. Lefèvre
230	NOGENT-LE-ROI (Le Château de)	(anonyme)
36	NOGENT-LE-ROTROU et ses environs	Pierre Bruyant
150	SENONCHES et ses environs	Ed. Lefèvre

FINISTERE

417	BOTREL, LE BARDE DE PONT-AVEN (Hist. de)	l'abbé A. Millon
293	BREST (Histoire de)	J.-L. Dauvin
314	CARHAIX (Histoire de)	la comtesse du Laz
333	CONCARNEAU (Histoire de)	J. Trévédy
350	GUIPAVAS (Histoire de)	MM. Peyrou & Abgrall
677	LANDERNEAU (Histoire de)	P. de Courcy
348	LANMEUR et ses environs	Louis Le Guennec
349	LESNEVEN (Histoire de)	D.L. Miorcec de Kerdanet
407	PLONEOUR - LANVERN (Histoire de)	l'abbé Eugène Cognec

GARD

282	BOUILLARGUES et ses environs	Michel Pons
263	MONTFRIN et ses environs	E. Trenquier
617	PONT-SAINT-ESPRIT (Histoire de)	M.-A. Boisson
260	REMOULINS et ses environs	E. Trenquier
261	ROCHEFORT et ses environs	E. Trenquier
258	SALINDRINQUE (Histoire de la)	M. de Cazenove
615	VAUVERT (Histoire de)	Sausse-Villiers

HAUTE-GARONNE

311	CAZERES (Histoire de)	Emile Espagnat
329	FRONTON et ses environs	Adrien Escudier
253	MURET et ses environs	M.P.V. Fons
446	SAINT-JORY (Histoire de)	Jean Contrasty
654	ST-ORENS-DE-GAMEVILLE (Hist. de)	F.-G. Laffon
646	VILLEMUR-SUR-TARN (Histoire de)	Amédée Sevène

GERS

593	AUCH (Histoire d')	P. Lafforgue
819	GERS (Le Département du)	F.-J. Bourdeau
571	LECTOURE (Histoire de)	F. Cassassoles

GIRONDE

582	BAZAS (Histoire de) (épuisé)	l'abbé P.-J. O' Reilly
796	GIRONDE (Le Département de la) Vol. I	F. Jouannet
797	GIRONDE (Le Département de la) Vol. II	F. Jouannet
798	GIRONDE (Le Département de la) Vol. III	F. Jouannet
251	LABREDE (Le château de)	Ch. Grouët
246	LANGON (Histoire de)	l'abbé M. Lacave
583	LA REOLE et ses environs	M. Dupin
255	LESPARRE (Histoire de) Vol.I	MM. Clary et Bodin
256	LESPARRE (Histoire de) Vol.II	MM. Clary et Bodin
590	SAINT-EMILION (Histoire de)	J. Guadet
374	SAINT-MACAIRE (Histoire de) Vol. I	D.-A. Virac
509	SAINT-MACAIRE (Histoire de) Vol. II	D.-A. Virac
638	SAINT-SAVIN (Histoire de)	Émile Bodin
248	SOULAC-SUR-MER (Histoire de)	(anonyme)

HERAULT

644	CHRONIQUE DE MAUGUIO	(anonyme)
324	CLERMONT-L'HERAULT et ses environs	l'abbé A. Durand
338	MONTAGNAC et ses environs	M. Rey de Lacroix
287	TEYRAN (Histoire de)	A. Villemagne
325	VILLENEUVE-LES-MAGUELONNE (Hist. de)	A. Germain

ILLE-ET-VILAINE

580	ANTRAIN et ses environs	L. Maupillé
437	BAIN DE BRETAGNE et ses environs	l'abbé G. de Corson
422	BAIS (Histoire de)	l'abbé J.-M. Guet
421	CANCALE (Histoire de)	l'abbé Fr. Bouleuc
401	COMBOURG (Histoire de)	l'abbé G. de Corson
415	DOL (Histoire de)	l'abbé Lecarlatte
594	FOUGERES et ses environs	A. Bertin et L. Maupillé
371	GUICHEN et ses environs	l'abbé G. de Corson
613	LOUVIGNE-DU-DESERT et ses environs	L. Maupillé
438	MAURE-DE-BRETAGNE et ses environs	l'abbé G. de Corson
294	MONTFORT (Histoire de)	F. L.-E. Oresve
370	PIPRIAC et ses environs	l'abbé G. de Corson
336	REDON (Histoire de)	(anonyme)
441	SEL-DE-BRETAGNE et ses environs	l'abbé G. de Corson
337	ST-MALO et ses environs	G. Robert de Salles
775	VITRE (Histoire de)	Edouard Frain

INDRE

402	ARGENTON (Histoire de)	Grosset
776	LA CHATRE (Histoire de)	Cl.-Charles Duguet
784	LE BLANC (Histoire de)	C. Gaudon
788	LEVROUX (Histoire de)	P. Réchaussat
399	ISSOUDUN (Histoire d')	R.P.J. Chevalier
403	VATAN (Histoire de)	M.A. Desplanque

INDRE-ET-LOIRE

397	CHINON (Histoire de)	M. Dumoustier
524	LANGEAIS (Histoire de)	Chanoine Bosseboeuf
523	LIGUEIL (Histoire de)	(anonyme)
525	PREUILLY et ses environs	Ch. Audigé et C. Moisand
592	RICHELIEU et ses environs	L.-A. Bosseboeuf

ISERE

313	BEAUREPAIRE (Histoire de)	Joseph Minjollat
630	BOURGOIN (Les Environs de)	Louis Fochier
340	DOMENE (Histoire de)	Ch. Léon Perrier
217	MOIRANS (Histoire de)	L. Clerc-Jacquier
254	PONT-DE-BEAUVOISIN (Histoire de)	l'abbé H.-J. Perrin
249	RIVES, RIOMONT et BEAUCROISSANT (Hist. de)	H. Blanchet
247	ST-ETIENNE-DE-ST-GEOIRS (Hist. de)	A.-P. Simian
631	URIAGE et ses environs	Michal Ladichère
214	VINAY (Histoire de)	A. Favot
794	VIENNE (Histoire de)	M. Mermet
216	VIZILLE (Histoire de)	A. Bourne

JURA

386	CHAUSSIN et ses environs	Dr Briot
688	DOLE, Précis stat. de l'arr. Vol. I	A. Marquiset
689	DOLE, Précis stat. de l'arr. Vol. II	A. Marquiset
355	ORCHAMPS et ses environs	Alfred Vieille
443	POLIGNY (Histoire de)	C. Boissonnet
379	SALINS-LES-BAINS (Hist. de) Vol. I	M. Béchet
384	SALINS-LES-BAINS (Hist. de) Vol. II	M. Béchet

LANDES

286	DAX (Histoire de)	François Abbadie
635	HABAS (Histoire de) (épuisé)	L'abbé C. Daugé
821	LANDES (Le Département des)	F.-J. Bourdeau
201	MUGRON (Histoire de)	L.-B. Meyranx

LOIR-ET-CHER

75	CONTRES (Histoire de)	l'abbé Porcher
746	LOIR-ET-CHER (Le Département du)	M. Anthony-Genevoix
158	MONTOIRE et ses environs	A. de Rochambeau
701	MONTRICHARD (Histoire de)	Célestin Brethon
85	MOREE et ses environs	A. de Rochambeau
685	ROMORANTIN et ses environs	G. Maymac
133	ST-AMAND-LONGPRE et ses environs	A. de Rochambeau
137	SAVIGNY-SUR-BRAYE et ses environs	A. de Rochambeau
694	SELLES-SUR-CHER (Histoire de)	Maurice Romieu

LOIRE

647	NOIRETABLE et ses environs	A. Compigne

HAUTE-LOIRE

637	BRIOUDE (Histoire de)	Amédée St-Ferréol
587	CRAPONNE-SUR-ARZON (Hist. de)	l'abbé A. Maitrias
513	TENCE et ses environs	Mme Brioude

LOIRE-ATLANTIQUE

541	BLAIN (Le Château de)	L. Prevel
622	CARQUEFOU (Histoire de)	Joseph de Goué
414	CLISSON (Histoire de)	Forest
538	COUERON (Histoire de)	Spal
413	GUERANDE et ses environs	J. Morlent
450	LE PELLERIN et ses environs	René Viellechèze
650	SAVENAY (Histoire de)	F. Ledoux

LOIRET

56	BEAUGENCY (Histoire de) Vol. I	Pellieux & de Chaffin
748	CHATEAURENARD (Histoire de)	M. Petit
763	CHATILLON-SUR-LOIRE (Histoire de)	l'abbé Th. Cochard
749	JARGEAU et ses environs	l'abbé Duchateau
C02	LOIRET (Le Département du) Vol. I	l'abbé Patron
C03	LOIRET (Le Département du) Vol. II	l'abbé Patron
745	MEUNG-SUR-LOIRE (Histoire de)	Marcel Charoy
766	PUISEAUX (Histoire de)	J. Dumesnil

LOT

368	CASTELNAU DE BRETENOUX (Hist. de)	J. de Laumière
488	FIGEAC (Histoire de)	l'abbé J.-F. Debons
468	GRAMAT (Histoire de)	Jean Balagayrie
489	PUY L'EVEQUE (Histoire de)	Charles Deloncle

LOT-ET-GARONNE

257	CASTELJALOUX (Histoire de)	J.-F. Samazeuilh
491	LAVARDAC et ses environs	J.-B. Truaut

MAINE-ET-LOIRE

202	BAUGE (Histoire de)	Dr Boell et Fraysse
570	DOUE-LA-FONTAINE (Hist. de)	le colonel Picard
203	DURTAL et ses environs	J. Grosbois
540	LOUROUX-BECONNAIS (Hist. du)	M. de Girard de Châteauvieux
616	PONTS-DE-CE (Histoire des)	l'abbé A. Bretaudeau
426	ST-FLORENT-LE-VIEIL (Hist. de)	l'abbé L. Bretaudeau

MANCHE

492	AVRANCHES (Histoire d')	Ed. Le Héricher
240	AVRANCHES (Les châteaux de la Manche)	M. de Gerville
179	BRICQUEBEC et ses environs	P. Lebreton
542	EQUEURDREVILLE (Histoire d')	A. Le Maresquier
559	GRANVILLE (Histoire de)	M. Guidelou
222	PERIERS et ses environs	l'abbé Lerosey
428	PONTORSON (Histoire de)	l'abbé Beuve
619	ST-HILAIRE-DU-HARCOUET (Hist. de)	l'abbé Cosson
241	SAINT-LO (Les châteaux de la Manche)	M. de Gerville
183	ST-SAUVEUR-LE-VICOMTE (Hist. de)	Léopold Delisle
167	ST-VAAST-LA-HOUGUE (Histoire de)	Jules Leroux
180	VILLEDIEU-LES-POELES (Histoire de)	J. Grente & O. Havard

MARNE

118	ANGLURE (Histoire d')	l'abbé L. Jolivet
148	CERNAY-LES-REIMS (Histoire de)	Ch. Bosteaux
676	CORMONTREUIL (Histoire de)	Henri Jadart
686	MARNE (Le Département de la) Vol. I	Chalette - père
687	MARNE (Le Département de la) Vol. II	Chalette - père
10	DORMANS et ses environs	Dom Albert Noël
157	ESTERNAY (Histoire d')	l'abbé Boitel
197	FISMES et ses environs	l'abbé Chevalier
123	MONTMIRAIL-EN-BRIE (Hist. de)	l'abbé Boitel
114	SAINTE-MENEHOULD (Hist. de)	Louis Brouillon
108	SERMAIZE (Histoire de)	Ch. Rémy
113	SUIPPES (Histoire de)	Auguste Denis
136	VERZY et ses environs	E. de Barthélémy

HAUTE-MARNE

152	BOURBONNE (Histoire de)	A. Lacordaire
657	CHATEAUVILLAIN (Histoire de)	J. Carnandet
266	DOULEVANT et ses environs	l'abbé C. Didier
268	JOINVILLE (Histoire de)	Jules Fériel
284	LANGRES (Les Environs de) Vol. I	Pistollet de St-Fergeux
290	LANGRES (Les Environs de) Vol. II	Pistollet de St-Fergeux

267	MONTIGNY-LE-ROI (Histoire de)	A. Lacordaire
675	SAINT-DIZIER (Histoire de)	l'abbé C. Didier
224	WASSY et ses environs	M. Pinard

MAYENNE

122	CHATEAU-GONTIER et ses environs	Tancrède Abraham
151	CRAON et ses environs	M. de la Jacopière
117	ENTRAMMES (Histoire d')	L. La Beaulùere
98	EVRON (Histoire d')	l'abbé Gérault
182	GORRON (Histoire de)	Gabriel Boullard
144	PORT-BRILLET (Histoire de)	J. Chappée
145	ST-DENIS-D'ANJOU (Hist. de)	A. Joubert

MEURTHE-ET-MOSELLE

317	JARNY et ses environs Vol. I	Mathieu Clesse
318	JARNY et ses environs Vol. II	Mathieu Clesse
351	LANEUVEVILLE-DEVANT-NANCY (Hist. de)	M. Thouvenin
205	LONGWY (Histoire de)	Jean Mussey
199	LUNEVILLE (Histoire de)	C. Marchal
808	MEURTHE-ET-MOSELLE (Le Dép. de la) Vol. I	M.-E. Grosse
809	MEURTHE-ET-MOSELLE (Le Dép. de la) Vol. II	M.-E. Grosse
810	MEURTHE-ET-MOSELLE (Le Dép. de la) Vol. III	M.-E. Grosse
186	PONT-A-MOUSSON et ses environs	Napoléon Henry

MEUSE

330	BAR-LE-DUC (Histoire de)	M. Bellot-Herment
448	COMMERCY (Histoire de) Vol. I	C.-E. Dumont
449	COMMERCY (Histoire de) Vol. II	C.-E. Dumont
335	DUN-SUR-MEUSE (Histoire de)	Robinet de Cléry
187	ETAIN (Histoire d') (épuisé)	M.P. (d'Etain)
575	FRESNES-EN-WOEVRE et ses environs	(anonyme)
C05	MEUSE (Le Département de la)	H. Lemoine
423	REVIGNY et ses environs	(anonyme)
430	SAINT-MIHIEL (Histoire de) Vol. I	M. Dumont
431	SAINT-MIHIEL (Histoire de) Vol. II	M. Dumont
464	VOID-VACON (Histoire de)	Dr Hennequin

MORBIHAN

447	GUER (Histoire de)	l'abbé Le Claire
292	JOSSELIN (Histoire de)	Jules le Falher
764	PLOERMEL (Histoire de)	Sigismond Ropartz
785	PONTIVY, ROHAN et leurs environs	H. du Halgouët

MOSELLE

326	ALBESTROFF (Histoire d')	Auguste Prost
757	MOSELLE (Le Département de la) Vol. I	Verronnais
758	MOSELLE (Le Département de la) Vol. II	Verronnais
272	SAINT-AVOLD (Histoire de)	Philippe Bronder
377	SARRALBE et ses environs	P. Creutzer
434	WOIPPY (Histoire de)	Nérée Quépat

NIEVRE

08	CHATEAU-CHINON (Histoire de)	Dr E. Bogros
3	CHATEAUNEUF-VAL-DE-BARGIS (Hist. de)	Lucien Charrault

607	CHATILLON-EN-BAZOIS (Histoire de)	M. de Corberon
543	CLAMECY et ses environs	A. Marlière
328	CORBIGNY (Histoire de)	P. Lyon
327	COSNE (Histoire de)	A. Faivre
781	LA CHARITE-SUR-LOIRE (Histoire de)	Louis Leboeuf
454	LORMES et ses environs	Armand Billaud
409	LUZY (Histoire de)	Lucien Guéneau
362	MOULINS-ENGILBERT et ses environs	Jaubert aîné
385	NEVERS (Les Environs de)	G. de Soultrait
756	NIEVRE (Le Département de la)	G. de Soultrait
606	ST-PIERRE-LE-MOUTIER (Hist. de)	Albéric Gonat

NORD

233	ANNAPPES (Histoire d')	Th. Leuridan
225	BONDUES (Histoire de)	Louis Dervaux
801	BOUCHAIN (Histoire de)	Philippe Petit
789	ESTAIRES (Histoire d')	Eugène Arnould
761	LA BASSEE (Histoire de)	E. Magnier
678	NORD - (Arr. de Lille, Dunkerque, Hazebrouck, Cambrai) Vol. I	
679	NORD - (Arr. de Valenciennes, Douai, Avesnes) Vol. II	
680	NORD - (Supp. Index des noms, lieux, personnes) Vol. III	
218	HALLUIN (Histoire d') Vol. I	l'abbé A.-M. Coulon
476	MARCHIENNES (Histoire de)	Léon Spriet
473	ONNAING (Histoire d')	l'abbé Jules Desilve
259	SANTES (Histoire de)	Le Josne de l'Espierre
219	WATTIGNIES (Histoire de)	Th. Leuridan

OISE

76	AUNEUIL (Histoire d')	L.-E. Deladreue
161	BRETEUIL (Histoire de)	C.-A. Baticle
223	CHANTILLY (Histoire de)	G. Macon
79	CHAUMONT-EN-VEXIN (Hist. de)	J.-B. Frion
55	CLERMONT et ses environs	MM. Debauve & Roussel
358	COMPIEGNE (Les Environs de)	J.-E. Mermet
70	CREVECOEUR-LE-GRAND (Hist. de)	Louis Hubert
66	CUISE-LA-MOTTE et ses environs	J.-E. Mermet
65	ESTREES-ST-DENIS et ses environs	J.-E. Mermet
54	FORMERIE (Histoire de)	A. Bellou
62	GERBEROY, ST-GERMER et leurs environs	N.-R.P. de la Mairie
227	GRANDVILLIERS et ses environs	L. Wargnier
658	AUNEUIL ET BEAUVAIS (Cantons d') Vol. I	Graves
659	CHAUMONT ET COUDRAY-ST-GERMER (Cantons de) Vol. II	Graves
660	FORMERIE, GRANDVILLIERS, MARSEILLE (Cant. de) Vol. III	Graves
661	MERU ET NIVILLERS (Cantons de) Vol. IV	Graves
662	NOAILLES ET SONGEONS (Cantons de) Vol. V	Graves
663	BRETEUIL ET CLERMONT (Cantons de) Vol. VI	Graves
664	CREVECOEUR ET FROISSY (Cantons de) Vol. VII	Graves
665	LIANCOURT ET MAIGNELAY (Cantons de) Vol. VIII	Graves
666	MOUY ET ST-JUST-EN-CHAUSSEE (Cantons de) Vol. IX	Graves
667	ATTICHY ET COMPIEGNE (Cantons d') Vol. X	Graves
668	ESTREES-ST-DENIS ET GUISCARD (Cantons d') Vol. XI	Graves
669	LASSIGNY ET NOYON (Cantons de) Vol. XII	Graves
670	RESSONS-SUR-MATZ ET RIBECOURT (Cantons de) Vol. XIII	Graves
671	BETZ ET CREPY-EN-VALOIS (Cantons de) Vol. XIV	Graves
672	NANTEUIL-LE-HAUDOUIN ET CREIL (Cantons de) Vol. XV	Graves
673	NEUILLY-EN-THELLE & PONT-STE-MAXENCE Vol. XVI	Graves
674	SENLIS (Canton de) Vol. XVII	Graves
67	GUISCARD, LASSIGNY et leurs environs	E. Coët

215	MERU et ses environs	J. Cauchois
58	MONTATAIRE (Histoire de)	D. Fauré-Hérouart
57	MOUY (Histoire de)	A.-J. Warmé
160	MOUY (Les Environs de)	A.-J. Warmé
61	PONT-STE-MAXENCE et ses environs	Th. Petit
59	RESSONS-SUR-MATZ (Hist. de)	A. Tassin
78	RIBECOURT (Histoire de)	L. Mazière
53	ST-JUST-EN-CHAUSSEE et ses environs	J. Rousseau

ORNE

156	ALENCON (Hist. du point d')	G. Despierres
166	ARGENTAN (Histoire d')	Eugène Vimont
168	ATHIS et ses environs	H. de la Ferrière-Percy
169	ECOUCHE (Histoire d')	Alfred de Caix
94	FLERS (Histoire de)	H. de La Ferrière
681	LA FERTE-FRENEL et ses environs	Dr Bouteillier
343	MESSEI et ses environs	H. Lefaverais
73	MORTAGNE (Histoire de)	A. Racinet
74	MORTAGNE (Les Environs de)	A. Racinet
92	TINCHEBRAY (Histoire de)	J.-M. Hurel
782	VIMOUTIERS (Histoire de)	A. Pernelle

PAS-DE-CALAIS

50	BERCK-SUR-MER (Histoire de)	L. Duplais
49	ETAPLES (Histoire d')	G. Souquet
86	HESDIN (Histoire d')	S. Mondelot
69	MONTREUIL-SUR-MER et ses environs	Albéric de Calonne
51	TOUQUET et de PARIS-PLAGE (Histoire du)	Ed. Lévêque

PUY-DE-DOME

632	LEMPDES (Histoire de)	l'abbé Astier
818	PUY-DE-DOME (Le Département du)	J.-B. Bouillet
466	RANDAN et ses environs	H. Bastard d' Estang
479	VIC-LE-COMTE (Histoire de)	J.-M. Bielawski

PYRENEES-ATLANTIQUES

250	SALIES-DE-BEARN (Histoire de)	S. Trébucq

PYRENEES-ORIENTALES

445	AMELIE-LES-BAINS et ses environs	V. de Fontanills
316	CERET (Histoire de)	Anton de Siboune
596	COLLIOURE (Histoire de)	l'abbé J. Falguère
200	MILLAS (Histoire de)	l'abbé J. Capeille
601	PRADES (Histoire de) (épuisé)	Ernest Delamont
602	PRADES (Les Environs de) (épuisé)	Ernest Delamont
252	SALSES (Le Château de)	A. Ratheau

BAS-RHIN

652	ERSTEIN (Histoire d')	l'abbé J. Bernhard
459	HAGUENEAU (Histoire de)	A. Hanauer
586	NIEDERBRONN et ses environs	Dr Kuhn
579	SAVERNE et ses environs	Ch. G. Klein

HAUT-RHIN

549	FERRETTE et ses environs	Ch. Goutzwiller
603	STE-MARIE-AUX-MINES et ses environs	D. Risler
440	SOULTZ et ses environs	A. Gasser

RHONE

319	CONDRIEU (Les Environs de)	N.-F. Cochard
320	MORNANT et ses environs	A. Vachez
196	ST-SYMPHORIEN-SUR-COISE et ses environs	N.-F. Cochard
778	VILLEFRANCHE-SUR-SAONE (Histoire de)	J.-H. Laplatte

HAUTE-SAONE

280	CHAMPLITTE (Histoire de)	l'abbé Briffaut
634	FAVERNEY (Histoire de)	E. Mantelet
754	HAUTE-SAONE (Le Département de la) Vol. I	Louis Suchaux
755	HAUTE-SAONE (Le Département de la) Vol. II	Louis Suchaux
387	HERICOURT (Histoire d')	Ch. Canel
285	JUSSEY (Histoire de)	Coudriet et Chatelet
406	PESMES (Histoire de)	E. Perchet

SAONE-ET-LOIRE

493	MONTPONT-EN-BRESSE (Histoire de)	l'abbé Martinet
790	SAONE-ET-LOIRE (Le Département de la) Vol. I	C. Ragut
791	SAONE-ET-LOIRE (Le Département de la) Vol. II	C. Ragut
792	SAONE-ET-LOIRE (Le Département de la) Vol. III	C. Ragut

SARTHE

411	BALLON (Histoire de)	M. Fouanon
408	BEAUMONT-SUR-SARTHE (Hist. de)	Maurice Passe
378	BONNETABLE (Histoire de)	Auguste Guy
380	BOULOIRE et ses environs	Vasty de la Hylais
452	CERANS-FOULLETOURTE et ses environs	Henri Roquet
569	CHATEAU-DU-LOIR (Histoire de)	MM. Barré & Bouvet
195	ECOMMOY et ses environs	Adolphe Renard
388	FRESNAY-SUR-SARTHE et ses environs	A. Le Guicheux
526	LA FLECHE et ses environs	Th. Cauvin
643	LE MANS et ses environs	Th. Cauvin
398	MALICORNE et ses environs	Fortuné Legeay
390	MAMERS (Histoire de)	G. Fleury
389	MAYET et ses environs	Fortuné Legeay
641	MONTFORT-LE-GESNOIS (Histoire de)	A. Robveille
194	SABLE-SUR-SARTHE (Histoire de)	Y. Marc
129	SAINT-CALAIS et ses environs	Th. Cauvin
653	VAAS & LAVERNAT (Histoire de)	Fortuné Legeay

SAVOIE

451	BEAUFORT et ses environs	Etienne Fontaine

HAUTE-SAVOIE

556	DOUVAINE (Histoire de)	M. Trédicini de St-Séverin
589	FRANGY (Histoire de)	L. Ravenet
520	ST-GERVAIS-LES-BAINS (Hist. de)	(anonyme)
800	BONNEVILLE et ses environs	Lucien Guy

SEINE-MARITIME

521	AUMALE et ses environs	E.-A. Pape
444	BOLBEC (Histoire de)	M. Collen-Castaigne
93	CAUDEBEC-EN-CAUX (Hist. de)	R. de Maulde
536	CLERES (Histoire de)	H. Lemarchand
460	EPOUVILLE (Histoire d')	J. Boulard & Lechevalier
44	LE TREPORT, MERS, EU et leurs environs	J. Périn & P. Cagé
642	MONTIVILLIERS (Histoire de)	E. Dumont & A. Martin
584	OFFRANVILLE et ses environs	Olivier Dorien
64	OISSEL (Histoire d')	Edouard Turgis
71	SAINT-SAENS et ses environs	N.-R. P. de la Mairie
439	SOTTEVILLE-LES-ROUEN (Hist. de)	P. Duchemin

DEUX-SEVRES

522	AIRVAULT (Histoire d')	H. Beauchet-Filleau
456	ARGENTON-CHATEAU et ses environs	l'abbé G. Michaud
457	ARGENTON-L'EGLISE et ses environs	l'abbé G. Michaud
656	CELLES-SUR-BELLE (Hist. de l'abbaye de)	l'abbé A. Largeault
633	MAULEON (Hist. de l'abbaye de) (épuisé)	Dom Fourier Bonnard
392	MELLE (Histoire de)	G. Levier
412	PRAHECQ et ses environs	l'abbé Demellier
604	ST-MAIXENT-L'ÉCOLE (Hist. de)	A. Richard
799	THOUARS (Histoire de)	M. Berthre de Bourniseaux

SOMME

585	AIRAINES (Histoire d')	l'abbé Marchand
48	AULT et ses environs	Ernest Prarond
484	BERNAVILLE et ses environs	l'abbé Lefèvre
115	BOVES (Histoire de)	A. Janvier
499	BRAY-SUR-SOMME et ses environs	l'abbé P. Decagny
501	CAYEUX, ST-BLIMONT et leurs environs	Rémi Dimpré
38	CHAULNES et ses environs	l'abbé P. Decagny
42	CONTY (Histoire de)	M.-A.-G. Rembault
334	CORBIE (Histoire de)	l'abbé Jumel
77	CRECY-EN-PONTHIEU (Hist. de)	Alcius Ledieu
546	DOMART-EN-PONTHIEU (Hist. de)	A. Janvier et Ch. Bréard
506	DOULLENS (Histoire de)	A.-J. Warmé
47	FLIXECOURT (Histoire de)	E. Jumel
45	GAMACHES et ses environs	Ernest Prarond
600	HAM et ses environs	l'abbé P. Decagny
81	HORNOY et ses environs	Alcius Ledieu
558	LONG ET LONGPRE-LES-CORPS-STS (Hist. de)	E. Delgove
39	MONTDIDIER et ses environs	L. Meusnier
41	MOREUIL et ses environs	Alcius Ledieu
37	NESLE et ses environs	l'abbé P. Decagny
102	PICQUIGNY (Histoire de)	F.-I. Darsy
555	POIX et ses environs	le Père Daire
500	ROISEL et ses environs	l'abbé Paul Decagny
46	ROYE (Histoire de) Vol.I	Emile Coët
40	RUE (Histoire de)	Ernest Prarond
82	SENARPONT et ses environs	Alcius Ledieu
702	SOMME (Le Département de la) Vol. I	MM. Dusevel & Scribe
703	SOMME (Le Département de la) Vol. II	MM. Dusevel & Scribe
43	VILLERS-BRETONNEUX (Hist. de)	J. Bonhomme

TARN

591 BRASSAC (Histoire de) — M. de St-Vincent Brassac
455 GAILLAC et ses environs — Elie Rossignol
588 LACAUNE (Histoire de) — (anonyme)
429 RABASTENS (Hist. de la Confrérie des Pénitents de) — l'abbé J.-P. Quérel

TARN-ET-GARONNE

572 AUVILLAR (Histoire de) — A. Lagrèze-Fossat
553 CAYLUS (Histoire de) — Devals aîné
561 LAUZERTE (Histoire de) — l'abbé Taillefer
574 REALVILLE (Histoire de) — l'abbé Galabert
442 ST-ANTONIN-NOBLE-VAL (Hist. de) — R. Latouche
714 TARN-ET-GARONNE (Le Département du) Vol. I — F. Moulenq
715 TARN-ET-GARONNE (Le Département du) Vol. II — F. Moulenq
716 TARN-ET-GARONNE (Le Département du) Vol. III — F. Moulenq
717 TARN-ET-GARONNE (Le Département du) Vol. IV — F. Moulenq

VAR

530 BANDOL (Histoire de) — Octave Tessier

VAUCLUSE

262 APT et ses environs — M. Bancal
276 BOLLENE (Histoire de) — Paul de Faucher
283 CARPENTRAS (Histoire de) — L. Loubet
273 PERNES-LES-FONTAINES (Hist. de) — l'abbé Constantin
264 PERTUIS et ses environs — Alfred Maille
277 VALREAS (Histoire de) — Adolphe Aubenas

VENDEE

204 BOUIN (Histoire de) — Léon Dubreuil
209 LA MOTHE-ACHARD et ses environs — A. Bitton
698 LA VENDEE A TRAVERS LES AGES Vol. I — Louis Brochet
699 LA VENDEE A TRAVERS LES AGES Vol. II — Louis Brochet
189 MAILLEZAIS (Histoire de) — Louis Brochet
190 MAILLEZAIS (Les Environs de) — Louis Brochet
486 MAREUIL-SUR-LAY-DISSAIS et ses environs — Louis Brochet
436 MOUTIERS-LES-MAUXFAITS et ses environs — Louis Brochet
198 POUZAUGES et ses environs — Louis Brochet

VIENNE

210 CHAUVIGNY (Histoire de) — Ch. Tranchant
382 CIVRAY (Histoire de) — Léon Faye
221 COUHE et ses environs — A.-F. Lièvre
467 POITIERS (Les Environs de) — X. Barbier de Montault

HAUTE-VIENNE

640 BELLAC (Histoire de) — P. Mallebay-Vacqueur
265 CHATEAUPONSAC, BESSINES/GARTEMPE — l'abbé Lecler
306 DORAT (Histoire du) — H. Aubugeois
220 EYMOUTIERS et ses environs — Joseph Dubois
309 LIMOGES (Les Environs de) — l'abbé Lecler
308 NANTIAT et ses environs — l'abbé Lecler
357 ORADOUR-SUR-VAYRES (Hist. d') — E. Rayet

323	ROCHECHOUART (Hist. de) (épuisé)	l'abbé Duléry
212	ST-YRIEIX et ses environs	MM.Charbonnet & Dalleine

VOSGES

490	BAINS-LES-BAINS (Hist. de)	l'abbé C. Olivier
310	CHARMES et ses environs	Vital Collet
419	CHATEL-SUR-MOSELLE (Hist. de)	l'abbé C. Olivier
597	FRAIZE et ses environs	J. Cordier
365	MIRECOURT (Histoire de)	F. Clasquin
498	MOYENMOUTIER (Histoire de)	Jules Faron
477	NEUFCHATEAU (Histoire de)	Auguste Digot
418	PLOMBIERES-LES-BAINS (Hist. de)	J.D Haumonte & J. Parisot
621	RAON-L'ETAPE (Histoire de)	Louis Sadoul
424	REMIREMONT et ses environs	P. Waidmann
461	THAON-LES-VOSGES (Hist. de) Vol. I	l'abbé C. Olivier
462	THAON-LES-VOSGES (Hist. de) Vol. II	l'abbé C. Olivier
696	VOSGES (Le Département des) Vol. I	L. Louis & P. Chevreux
697	VOSGES (Le Département des) Vol. II	L. Louis & P. Chevreux
812	VOSGES (Les Traditions des)	Léon Louis

YONNE

289	AUXERRE (Les Environs d') Vol. I	Victor Petit
300	AUXERRE (Les Environs d') Vol. II	Victor Petit
578	BLENEAU et ses environs	A. Dey
135	CHABLIS (Histoire de)	Jules Duband
302	CHEROY et ses environs	M. Bardot
307	CRUZY et ses environs	E. Lambert
573	L'ISLE-SUR-SEREIN et ses environs	M. Breuillard
132	PONT-SUR-YONNE (Histoire de)	l'abbé Horson
134	SAINT-FLORENTIN (Histoire de)	Félix Pigeory
609	SAINT-VALÉRIEN (Histoire de)	A. Vissuzaine
154	SEIGNELAY (Histoire de) Vol. I	W.-B. Henry
155	SEIGNELAY (Histoire de) Vol. II	W.-B. Henry
288	SENS (Les Environs de)	Victor Petit
303	TONNERRE (Les Environs de)	L. Le Maistre
301	TOUCY et ses environs	Victor Petit
773	YONNE (Les Villages de l')	Victor Petit
700	YONNE (Le Département de l')	Max. Quantin

REGION ILE-DE-FRANCE

PARIS (Ville de)

568	PARIS (Hist. du Ier arr. - Louvre)	Alexis Martin
567	PARIS (Hist. du IIe arr. - Bourse)	Alexis Martin
565	PARIS (Hist. du IIIe arr. - Temple)	Alexis Martin
557	PARIS (Hist. du IVe arr. - Hôtel de Ville)	Alexis Martin
495	PARIS (Hist. du Ve arr. - Panthéon)	Alexis Martin
487	PARIS (Hist. du VIe arr. - Luxembourg)	Alexis Martin
482	PARIS (Hist. du VIIe arr. - Palais Bourbon)	Alexis Martin
502	PARIS (Hist. du VIIIe arr. - l'Elysée)	Alexis Martin
470	PARIS (Hist. du IXe arr. - l'Opéra)	Alexis Martin
471	PARIS (Hist. du Xe arr. - l'Enclos-St-Laurent)	Alexis Martin
296	PARIS (Hist. du XIe arr. - Popincourt)	Alexis Martin
503	PARIS (Hist. du XIIe arr. - Reuilly)	Alexis Martin
354	PARIS (Hist. du XIIIe arr. - Gobelins)	Alexis Martin
347	PARIS (Hist. du XIVe arr. - l'Observatoire)	Alexis Martin
332	PARIS (Hist. du XVe arr. - Vaugirard)	Alexis Martin

481	PARIS (Hist. du XVIe arr. - Passy)	Alexis Martin
339	PARIS (Hist. du XVIIe arr. - Batignolles, Monceau)	Alexis Martin
515	PARIS (Hist. du XVIIIe arr. - Butte Montmartre)	Alexis Martin
532	PARIS (Hist. du XIXe arr. - Buttes Chaumont)	Alexis Martin
535	PARIS (Hist. du XXe arr. - Ménilmontant)	Alexis Martin

SEINE-ET-MARNE

234	AVON (Hist. des maisons religieuses d')	l'abbé Estournet
184	BRAY-SUR-SEINE (Hist. de)	L.-A. Roubault
552	BRIE-COMTE-ROBERT (Hist. de)	Edmond Michel
712	CHAPELLES-BOURBON (Histoire des)	Jules Legoux
706	CHATEAU-LANDON (Histoire de)	M. Dorvet
709	COUILLY-PONT-AUX-DAMES (Histoire de)	M. Berthault
193	COULOMMIERS (Histoire de)	Ernest Dessaint
208	CRECY, ESBLY et leurs environs	Georges Husson
188	DAMMARTIN (Histoire de)	Victor Offroy
435	FONTAINEBLEAU	Pierre Dan
723	LIZY-SUR-OURCQ (Histoire de)	Louis Benoist
721	LORREZ-LE-BOCAGE et ses environs	Paul Quesvers
299	MEAUX (Histoire de)	A.-E. Carro
211	MITRY-MORY (Histoire de)	B. & Th. Lhuillier
207	MONTEREAU (Histoire de)	Paul Quesvers
229	NEMOURS (Histoire de)	E. Doigneau
722	OISSERY, ST-PATHUS et leurs env.	Fernand Labour
708	PERTHES-EN-GATINAIS (Histoire de)	MM. Delaforge & Dauvergne
710	SABLONNIERES (Histoire de)	Alexandre Bazin
802	SEINE-ET-MARNE (Le Département de la) Vol. I	Félix Pascal
803	SEINE-ET-MARNE (Le Département de la) Vol. II	Félix Pascal
236	ST-CYR-SUR-MORIN (Hist. de)	G.-A. Réthoré
707	VERNOU et ses environs	Franck Matagrin

YVELINES

478	BOUGIVAL (Histoire de)	Adrien Maquet
618	CHATOU (Histoire de)	Albert Curmer
485	CHEVREUSE, CERNAY et leurs environs	L. Morizé
735	CROISSY-SUR-SEINE (Histoire de)	J.-Ch. Bonnet
361	MARLY-LE-ROI (Histoire de)	C. Piton
475	MAULE et ses environs	Emile Réaux
727	MONTESSON (Histoire de)	Louis Leboeuf
360	MONTFORT-L'AMAURY (Hist. de)	M.-J. L'Hermitte
363	NEAUPHLE-LE-CHATEAU (Histoire de) Vol. I	A. Prud'homme
364	NEAUPHLE-LE-CHATEAU (Les Environs de) Vol. II	A. Prud'homme
474	ROCQUENCOURT (Histoire de)	Louis Guibert
458	TRAPPES (Histoire de)	Léon Hennet

ESSONNE

511	BRETIGNY-SUR-ORGE (Hist. de)	Bertrandy-Lacabane
611	BRUNOY (Histoire de)	Charles Mottheau
629	EPINAY-SUR-ORGE (Hist. d') (épuisé)	l'abbé A.-E. Genty
762	ETAMPES (Histoire de)	Maxime Legrand
610	YERRES (Hist. de l'abbaye d')	l'abbé J.-M. Alliot
508	MARCOUSSIS (Histoire de)	V.-A. Malte-Brun
507	MILLY-LA-FORET (Histoire de)	Léon Marquis
760	MONTGERON (Histoire de)	J.-Ch. Gatinot
510	PALAISEAU (Histoire de)	F. Cossonnet

HAUTS-DE-SEINE

504	**BAGNEUX** (Histoire de)	E. Toulouze
505	**BOULOGNE-BILLANCOURT** (Hist. de)	J. Grenet
605	**CHAVILLE** (Histoire de)	l'abbé Dassé
612	**MONTROUGE** (Histoire de)	E. Toulouze & C.-A. Maugarny
636	**VAUCRESSON** (Histoire de)	Dr Ed. Christen

SEINE-SAINT-DENIS

420	**LIVRY-GARGAN** (Histoire de)	A.-E. Genty
514	**NOISY-LE-SEC** et ses environs	Hector Espaullard
375	**RAINCY** (Histoire du)	MM. Chavard & Stemler
376	**SAINT-OUEN** (Histoire de)	Léopold Pannier

VAL-DE-MARNE

548	ABLON-SUR-SEINE (Histoire d')	l'abbé P. Bonnin

VAL-D'OISE

581	MAGNY-EN-VEXIN et ses environs	Feuilloley
353	VIGNY (Histoire de)	G. Tubeuf

Monographies des villes et villages du monde entier

Achevé d'imprimer le 28 janvier 1993
par l'imprimerie spéciale de la

SEBM

Reprise de l'édition restaurée de 1873
Direction technique : Sotère Micberth
N° d'édition : 113
Res Universis : 100, rue de l'Ouest - 75014 Paris
Dépôt légal : 1er trimestre 1993
Imprimé en France